인간 정신의 진보에 관한 역사적 개요

ESQUISSE D'UN TABLEAU HISTORIQUE
DES PROGRÈS DE L'ESPRIT HUMAIN

책세상문고 · 고전의 세계

인간 정신의 진보에 관한 역사적 개요

ESQUISSE D'UN TABLEAU HISTORIQUE DES PROGRÈS DE L'ESPRIT HUMAIN

마르퀴 드 콩도르세 지음

·

장세룡 옮김

책세상

일러두기

1. 이 책은 마르퀴 드 콩도르세Marquis de Condorcet의 저작 가운데 두 편을 발췌해 옮긴 것이다. 제1장은 《공교육 5론 *Cinq mémoires sur l'instruction publique*》(1791)의 1장을 옮긴 것이며, 1994년 플라마리옹에서 출간된 샤를 쿠텔Charles Coutel과 카테린 킨츨러Catherine Kintzler가 소개 논문을 쓰고 주석을 단 *Cinq mémoires sur l'instruction publique*을 참고했다. 제2장은 《인간 정신의 진보에 관한 역사적 개요*Esquisse d'un tableau historique des progrès de l'esprit humain*》(1795)의 <열 번째 시대>를 옮긴 것이며, 1988년 플라마리옹에서 출간된 알랭 퐁스Alanin Pons가 소개 논문을 쓴 *Esquisse d'un tableau historique des progrès de l'esprit humain : Fragment sur l'Atlantide*를 참고했다.

2. 주는 모두 옮긴이주이다.

3. 주요 인명과 책명은 최초 한 회에 한해 원어를 병기했다.

4. 단행본과 잡지는 《 》로, 논문과 평론은 < >로 표시했다.

5. 맞춤법과 외래어 표기는 1989년 3월 1일부터 시행된 <한글맞춤법 규정>과 《문교부 편수자료》를 따랐다.

들어가는 말 | 장세룡 8

제1장 공교육5론 13

　　1. 사회는 인민에게 공교육을 제공해야 한다 15

　　　　(1) 현실적으로 권리의 평등을 가져오는 수단으로서 공교육은 시민에 대한 사회의 의무이다 15

　　　　(2) 도덕 감정의 차이를 낳는 불평등을 감소시키기 위하여 18

　　　　(3) 사회 안에 유용한 계몽의 총량을 증대시키기 위하여 19

　　2. 사회는 동등하게 다양한 직업에 관련된 공교육을 제공해야 한다 20

　　　　(1) 다양한 직업에 종사하는 사람들 사이에 평등을 더 유지하기 위하여 20

　　　　(2) 더 유용한 평등을 가져오기 위하여 21

　　　　(3) 사람들이 질병에 노출되는 위험을 감소시키기 위하여 22

　　　　(4) 그들의 진보를 가속화하기 위하여 23

　　3. 사회는 여전히 인류를 완성시키는 수단으로서 공교육을 실시해야 한다 24

　　　　(1) 재능을 타고난 모든 인간으로 하여금 그것을 계발할 수 있게 함으로써 24

　　　　(2) 앞 세대의 문화를 통해 새로운 세대를 준비한다 27

　　4. 공통 교육에 더 많은 단계를 설정하는 동기 36

　　　　(1) 시민들이 공적 기능을 수행할 수 있도록 함으로써 그 기능이 하나의 직업이 되지 않게 하기 위해서 36

　　　　(2) 생업métier과 전문직업profession의 분할이 인민을 우둔함으로 이끌지 않도록 하기 위하여 38

　　　　(3) 일반 교육을 통해 허영과 야심을 감소시키기 위하여 39

5. 공교육은 지식 중심 교육에 한정되어야 한다 43

　(1) 노동과 재산의 필연적 차이가 더 넓은 범위를 제공하는 것을 방해하기 때문이다 43

　(2) 교육이 부모의 권리를 해칠 것이기 때문이다 46

　(3) 공교육은 견해의 독립에 어긋나게 될 것이기 때문이다 47

6. 남성에게 주어지는 교육 역시 여성과 공유해야 한다 65

　(1) 여성이 자녀의 교육을 보살필 수 있도록 65

　(2) 여성을 교육시키지 않으면 가족의 행복에 대립되는 불평등을 가정 안에 끌어들이게 될 것이기 때문이다 66

　(3) 이는 남자들이 젊은 날에 습득한 지식을 보존하도록 해주는 수단이기 때문이다 67

　(4) 여성이 공교육에서 남성과 같은 권리를 갖기 때문이다 67

7. 결론 73

제2장 인간 정신의 진보에 관한 역사적 개요 77

해제 — 마르퀴 드 콩도르세 : 정치, 역사의 진보 | 장세룡 121

1. 마르퀴 드 콩도르세의 생애와 활동 121

2. 계몽과 교육 127

　(1) 계몽의 이념 127

　(2) 인권론 135

　(3) 공교육의 원리 142

　(4) 혁명 정치에서 교육론의 갈등 153

3. 역사의 진보 159

　(1) 인간의 완전 가능성 159

    (2) 진보의 조건 170

    (3) 보편 언어 180

  4. 맺는 말 193

주 197

더 읽어야 할 자료들 203

옮긴이에 대하여 209

마르퀴 드 콩도르세Marquis de Condorcet란 이름을 들어보
았는가? 아마 그리 많지는 않을 것이다. 비록 들어보았다 해
도 주로 그의 《인간 정신의 진보에 관한 역사적 개요*Esquisse
d'un tableau historique des progrès de l'esprit humain*》(1795)에서 인간
의 역사적 진보를 설파한 인물 정도로만 알고 있을 것이다.
그러나 콩도르세는 프랑스 대혁명기의 혁명사상가로서 《공
교육 5론*Cinq mémoires sur l'instruction publicque*》(1791)과 '공교육
기획안'(1792) 등에서 교육사상에 관한 탁월한 견해를 제시
한 교육사상가이기도 하다.

그는 지식을 인간의 근본적 전유의 영역이며 사유 재산과
같은 권리로 간주했다. 교육은 사회적 의무이자 공공성을 지
닌 기본권이며, 시민의 개인적 자유의 구원자로서 변화와 진
보의 열쇠요, 권리의 평등을 실현시키는 수단이라는 것이 그
의 교육사상의 출발점이다. 그뿐이 아니다. 콩도르세는 노예
제를 반대하고 빈민의 권리를 옹호하고 여성의 평등을 주창

한, 당대에 가장 대담한 인권의식을 표명한 인물이다. 나아가 혁명의 성과물인 새로운 사회를 강화하기 위해 시민이 국민적 이익의 한계를 넘어 세계시민이 되도록, 계몽이 보편화되는 세계주의를 지향하고, 동시에 '정직한 인간의 인터내셔널'을 통하여 수행되는 진보의 전망을 세우는 데 거침이 없는 인물이었다.

그러나 흔히 마지막 계몽사상가로 불리는 콩도르세는 본래 수학자였다. 수학이라고 하면 골치부터 아파오는 사람도 있을 것이다. 그러나 우리가 서구의 근대성을 이해하려면 그것이 수학적 지식에 입각한 과학의 토대 위에 성립되었다는 사실을 직시하지 않고는 불가능하다. 그동안 우리는 이런 사실을 정확하게 지적하지 못했다. 대부분 그저 적당하게 서구의 사상을 소개하는 데 급급하고 말았다. 속담에 '남이 장에 간다고 거름지고 나선다'는 말이 있다. 우리나라의 많은 지식인들이 바로 그렇다. 졸지에 무슨 포스트모더니즘을 유행삼아 밥그릇을 차지하더니 이제 다시 근대성 또는 현대성을 논의하자고 떠드는 시대가 아닌가! 그러나 이제는 제발 그들의 밑천을 좀 똑바로 알아야 할 때라고 생각한다. 그래야만 지적 식민성을 극복하고 자본을 앞세운 서구의 패권에 맞설 수 있을 것 아닌가?

근대성을 논하는 이들은 흔히 그 토대로서 방법론적 회의에 바탕을 둔 데카르트의 합리주의 인식론, 관찰과 실험을 강조한 베이컨의 경험주의적 과학적 탐구, 그리고 정치적으로 자율적인 인간 존재의 위상을 강조하는 존 로크의 개인주의에 주목한다. 옳은 말이다. 근대성의 토대가 성립되는 가장 중요한 계기는 17세기의 과학혁명이고, 이것은 서구가 지적 패권을 행사하고 우리를 괜히 지레 주눅들게 만드는 핵심 이념인 과학적 합리주의의 전통을 확립시키는 데 기여했다. 그 가운데서 중심역할을 수행한 것은 자연의 보편 인과율인 중력의 법칙을 발견한 뉴턴 체계이다. 뉴턴의 공헌은 무한소의 개념을 도입한 미적분을 사용하여 지상의 운동법칙(갈릴레이)과 천공의 운동법칙(케플러)을 단일 체계로 통합한 데 있다. 이 통합 작업의 근저에는 우주는 균질공간이며 단일한 계산공간이라는 관념이 작용했다. 돌이켜보면 근대 과학은 계산공간이란 무한제국에 만물을 귀속시키고, 계산이 불가능한 것은 과학의 범주에 끼워주지도 않고 존재의 위상조차 별로 인정하지 않았다. 만사를 수학적 계산으로 표현하는 '보편수학'이 추구한 제국주의적 이상은 결정론적 정확성과 엄밀성을 강조하는 한편, 확률론적 예측 가능성도 표방했다.

콩도르세의 수학적 사상의 토대는 미적분이 아니라 확률론에 있다. 그의 확률론은《다수결 투표의 확률에서 해석학의 응용-*Essai sur l'application de l'analyse à la probabilité des décisions rendues à la pluralité des voix*》(1785)에서 잘 나타난다. 확률론의 성립은 모든 것의 '계산 가능성'을 추구하는 보편수학의 이상이, 심지어 숫자나 계산과는 별 관련성이 없어 보이는 것까지도 수학적 관계로 환원시키려는 '수학 환원주의' 사고방식과 관련이 있다. 확률론은 본래 오직 불확실하고 예측하기 힘든 주사위 도박의 세계를 어떻게 계산하고 예측 가능하게 할 것인가 하는 절박한 질문에서 출발했다. 그런데 이 확률론은 흥미롭게도 라이프니츠G. W. Leibniz를 제외하고는 대체로 프랑스의 수학적 전통에 속한다. 우연과 불확실성까지도 세계인식을 위한 지적 체계에 포섭시키려는 확률론은 18세기에 뷔퐁G.-L.L.Buffon, 베이즈Thomas Bayes, 무아브르A. de Moivre, 프라이스R. Price, 달랑베르Jean Le Rond d'Alembert를 거쳐 콩도르세에서 정치사상과 역사진보의 관념으로 연결되었다. 그리고 라플라스Pierre-Simon de Laplace에서 세계를 이해하는 강고한 틀, 근대성의 또 다른 구조주의적 요소로 작용하게 되었다.

콩도르세의 확률론은 인과율을 부정한 흄David Hume의 회의주의에는 비록 미치지 못하지만, 우연적 원인에 의한 사물의 결정성을 인정하는 데서 출발한다. 이는 우리에게 알려진 정보가 부족하거나 특정 부분에서만 바라볼 때 우연이나 확률 운동으로 보이는 체계라도 사실은 예측 가능한 예측 불가능성이라는 완화된 결정론을 내포한다는 인식에 바탕을 둔다. 이런 점에서 콩도르세가 정치 사회와 역사의 진보를 바라보는 관점은 결코 획일적이지 않으며, 나름대로 고전역학의 체계 안에서 유연한 구조주의적 태도를 견지하고 있다. 독자들은 이런 점을 염두에 두고 이 책을 읽어주기 바란다.

옮긴이 장세룡

제1장

공교육 5론

1. 사회는 인민에게 공교육을 제공해야 한다

(1) 현실적으로 권리의 평등을 가져오는 수단으로서 공교육은 시민에 대한 사회의 의무이다

도덕적 능력의 불평등이 권리의 모든 범위에서 그 권리들을 향유하는 것을 방해한다면, 인간이 이 모든 권리를 가진다는 우리의 선언은 헛된 일일 것이다. 즉 법이 추구하는 영원한 정의의 최고 원리인 만인의 권리를 존중하는 것은 헛된 일이 되었을 것이다.

사회의 상태는 개인의 복지에 함께 노력함으로써 필연적으로 자연적 불평등을 감소시킨다. 그러나 행복과 공통의 권리 행사와 관련해 사람들의 정신의 차이에서 비롯되는 불평등을 더 이상 약화시키지 못하고 거의 무화無化시키지 못하는 한, 복지는 각 개인이 동료들과 맺는 관계에 더 의존하게 되고, 불평등의 결과는 점점 더 증대할 것이다.

ㄱ. 종속을 가져오는 어떤 불평등도 존속할 수 없게 하는
  것은 우리의 의무이다

  평등한 교육 자체가, 유리한 점을 타고나 자연스럽게 더
홀륭해진 사람들의 우월성을 증가시키지 않는 것이 아니다.

  그러나 교육의 평등이 유지되기만 하면 충분히 이 우월성
이 현실적 종속을 야기하지 않게 되고, 따라서 각자가 법을
통해 향유할 수 있도록 보장된 권리들을 다른 사람의 이성에
맹목적으로 따르지 않고 스스로 행사할 수 있을 정도로 교육
받게 된다. 그때 어떤 인간의 우월성은 같은 혜택을 받지 못
한 사람들에게 하나의 악덕이 되기는커녕 만인의 선에 기여
할 것이고, 계몽주의자들처럼 재능 있는 사람들은 사회의 공
통된 유산이 될 것이다.

  그러므로 예컨대 글을 쓸 줄 모르고 산술을 못하는 사람
은, 그가 부단히 도움을 구해야 할 대상인 교육을 더 받은 사
람에게 현실적으로 의존한다. 그는 교육을 통해 이러한 지식
을 제공받은 사람들과는 대등하지 않다. 그는 같은 범위, 같
은 독립성을 가지고 같은 권리를 행사할 수 없다. 재산권 해
결에 대한 기본법을 배우지 않은 사람은 그것을 알고 있는
사람처럼 재산권을 누릴 수 없다. 그들 사이에 논쟁이 발생
할 경우, 그들은 대등한 무기로 싸울 수 없다.

  그러나 살아가는 데 필요한 산술 규칙들을 적게 아는 사람
이라고 더 높은 수준의 수학적 재능을 가진 학자에게 종속되

는 것은 아니다. 학자의 재능은 그에게 현실적으로 매우 유용하긴 하지만 그가 권리를 누리는 데 방해가 되지는 않을 것이다. 민법의 기본 요소들을 배운 사람이 더 개명된 법률가에게 종속되는 것은 아니며, 법률가의 지식은 그에게 도움이 될 뿐 그를 굴종시키지는 않는다.

ㄴ. 교육의 불평등은 압제의 주요 원천 가운데 하나이다

무지의 세기에는, 소수의 몇몇 계급에만 집중된 희미하고 불확실한 계몽의 압제가 힘의 압제에 합류해 있었다. 성직자, 법률가, 상업상 비밀을 갖고 있는 사람, 소수 학교에서 양성되는 의사 등, 이들은 온갖 대포로 무장한 전사들 못지않게 세상의 주인이었다. 전사들의 세습 전제주의는 화약이 발명되기 전에는 무기 조작술을 배울 수 있는 배타적 기회 덕분에 갖게 된 우월성에 기초했는데, 그들은 이러한 전사들에 못지않았던 것이다.

이집트인들과 인도인들의 경우도 그렇다. 종교의 신비와 자연의 비밀에 대한 지식을 보유한 특권 계급들은 불쌍한 인민에게 인간의 상상력이 떠올릴 수 있는 가장 절대적인 전제주의를 행사하게 되었다. 마찬가지로 콘스탄티노플에서는 술탄의 군사적 전제주의가 코란 법률 해석자라는 특권을 지닌 사람의 영향력 앞에 복종토록 만들었다. 아마도 오늘날 다른 유럽 지역에서는 이 같은 위험을 우려할 필요가 없

을 것이다. 다른 유럽 지역에서는 계몽주의자들이 세습적 특권 계급에 집중돼 있을 수도, 배타적 자치 집단에 집중돼 있을 수도 없다. 한 인민의 두 부분, 그러니까 지식인과 민중 사이에 드넓은 간격이 벌어지게 하는 신비적이고 신성한 교의란 더 이상 존재할 수 없다. 그러나 자신을 유혹하는 협잡꾼의 놀림감인 인간으로 하여금 자신의 이익을 스스로 지킬 수 없도록 하는 이러한 수준의 무지는, 인간들로 하여금 자신이 판단할 수도 선택할 수도 없는 안내인에게 맹목적으로 몰두하지 않을 수 없게 한다. 무지의 결과인 이러한 굴종적 종속 상태는 거의 모든 인민, 최대 다수에게 효력을 유지하고 있다. 이들에게는 자유와 평등이란 말은 법규에서 읽을 수 있는 단어들에 불과할 뿐 직접 누릴 수 있는 권리가 아니다.

(2) 도덕 감정의 차이를 낳는 불평등을 감소시키기 위하여

동등하게 확대된 일반 교육만이 유일한 치유책인 또 다른 불평등이 있다. 법률이 모든 사람을 평등하게 대할 때 그들을 여러 계급으로 나누는 유일한 구분은 교육 정도에 따른 것이다. 불평등은 단지 계몽의 차이뿐 아니라 계몽의 불가피한 결과물인 견해, 취향, 감정의 차이에서도 유래한다. 어떤 공적 제도가 교육을 통해 부자의 아들과 빈민의 아들을 접근시키지 않는 한, 부자의 아들은 빈민의 아들과 같은 계급에 속하지 않는다. 교육을 더 잘 받은 계급은 반드시 더 온화한 덕성과 더 민감한 청렴성과 더 양심적인 정직성을 보유할 것이다. 그들의 덕성은 더 순수할 것이며, 반대로 그들의 악덕은 덜 반란적일 것이다. 그들의 부패는 덜 혐오스럽고, 덜 야만적이고, 어느 정도는 치유할 수 있을 것이다. 따라서 법률이 파괴할 수 없는 어떤 현실적 구분이, 계몽된 사람들과 계몽되지 못한 사람들 사이를 분명하게 구분지어, 모든 사람을 위한 행복의 수단이 아니라 분명 어떤 사람들을 위한 권력의 도구가 될 어떤 현실적 구분이 존재할 것이다.

이러한 사실 안에서 가능한 한 널리 권리의 평등을 확장시킬 의무와 관련하여 사회의 과제는, 바로 인간으로서, 가족의 아버지로서, 시민으로서의 공통된 역할들을 수행하기 위해, 그런 역할을 의식하기 위해, 그런 존재로서의 모든 의무를 알기 위해 필요한 교육을 모든 사람에게 마련해주는 것이다.

(3) 사회 안에 유용한 계몽의 총량을 증대시키기 위하여

교육을 통해 더 많은 사람이 공정하게 추론하고, 자신들에게 제시된 진실들을 포착하고, 자신들에게 피해를 주게 될 오류들을 거부할 수 있게 될수록 계몽은 점점 더 증대하여 다수의 개인들에게 확산된다. 그리고 이를 목격하는 국가는 분명 그만큼 더 좋은 법률과 현명한 행정과 진정 자유로운 구조를 취하고 보존하고자 한다.

그러므로 모든 수단을 동원해 사람들이 지식을 얻을 수 있

게 해주는 것이 사회의 의무이다. 그런데 지식의 습득 정도
는 사람들의 지적 능력과 그들이 교육받는 데 할애할 수 있
는 시간에 좌우된다. 이는 아마 더 많은 천부적 재능을 지닌
사람들, 따로 재원을 마련할 수 있어서 자유롭게 더 많은 햇
수를 교육에 할애할 수 있는 사람들에게 유리하여 사람들 사
이에 더 큰 차이를 가져올 것이다. 그렇지만 이러한 불평등
이 한 인간을 다른 인간에게 굴복시키지 않는다면, 그리고
그에게 주인을 제공하는 것이 아니라 기껏해야 어떤 약한 지
원자를 제공할 뿐이라면 이 불평등은 결코 악도 불의도 아니
게 된다. 그러나 개명된 인간 계층을 확대시키고 그들의 계
몽을 더욱 진척시키기를 두려워하는 사람은, 당연히 매우 해
로운 평등을 사랑하는 사람일 것이다.

2. 사회는 동등하게 다양한 직업에 관련된 공교육을
   제공해야 한다

(1) 다양한 직업에 종사하는 사람들 사이에 평등을 더 유지하기
    위하여

현 사회에서 사람들은 다양한 직업에 분산돼 있고, 각각의
직업은 특수한 지식을 요구한다.

이러한 직업의 진보는 공공 복지에 기여한다. 취미나 능력

때문에 직업을 부름받았으나 공교육을 받지 못해 지식이 빈약하여 직업에서 멀어지거나 보잘것없는 종속적 직업을 강요당할 많은 사람들에게 직업 선택의 길을 열어주는 것이 현실적 평등을 위해 유용하다. 그러므로 공권력의 수많은 의무 가운데 하나는 지식 획득 수단을 보장하고 용이하게 하고 증가시키는 것이다. 그리고 이 의무는 공직으로 간주될 수 있는 종류의 직업들과 관련된 교육에 한정되지 않는다. 직업이 전반적 번영에 미칠 수 있는 영향 따위는 고려하지 않은 채, 개인이 자신의 실리만을 위해 종사하는 직업들에도 의무는 확산된다.

(2) 더 유용한 평등을 가져오기 위하여

이런 교육의 평등은 예술의 완성에 기여할 것이다. 그리고 재산의 불평등이 예술에 몸바치고 싶어하는 사람들 사이에 만들어놓는 불평등을 파괴할 뿐 아니라, 복지의 평등이라는 더 일반적인 또 다른 평등을 확립시킬 것이다. 모든 사람이 자신의 필요를 편리하게 만족시킬 수 있고, 자신의 주택, 차림, 음식, 그리고 삶의 모든 습관에 위생, 청결, 심지어 안락함이나 쾌적함을 갖출 수 있다면, 어떤 몇몇 사람들이 자기 재산 덕분에 향락을 추구할 수 있는 것은 공동의 행복에 그다지 중요하지 않다. 그런데 이런 목표에 도달하는 유일한 수단은 예술 작품에——심지어 가장 시시한 예술의 제작에도——일종의 완성을 가져오는 것이다. 이때 소수의 부유층에게만 예정된 예술 작품에서 더 높은 수준의 아름다움과 우아함과 섬세함은 그것을 향유하지 못하는 사람들에게 악이 되기는커녕, 오히려 경쟁을 통해 활기를 띠게 된 산업의 진보를 촉진함으로써 그들에게 도움이 되기까지 한다. 그러나 만일 예술에서의 우위가 오로지 더 지속적으로 교육받을 수 있는 몇몇 사람들만의 몫이고, 거의 균등한 교육에서 천부적 재능이 제공할 수 있었던 우위가 아니라면 이러한 선은 존재하지 않는다. 무지한 제작자들은 결점 많은 작품들만 만들어낼 뿐이다. 그러나 재능이 열등한 사람은 예술의 최고 원천을 요구하지 않는 모든 것 속에서 경쟁을 유지할 수 있다. 전자는 나쁜 것이고, 후자는 다른 것보다 덜 좋은 것이다.

(3) 사람들이 질병에 노출되는 위험을 감소시키기 위하여

또한 우리는 이런 일반 교육의 결과로, 다양한 직업들을 덜 비위생적으로 만들어준다는 이점을 고찰할 수 있다. 많은 직업이 질병에 노출되어 있는데, 질병들을 예방하는 방법은 보통 생각하는 것보다 더 간단하고 더 흔하다. 사람들로 하여금 그러한 수단들을 채택하게 하는 것이 무엇보다 큰 어려움이다. 사람들은 직업상의 틀에 박힌 일들만을 따르고 있어서 가장 가벼운 변화에도 당황스러워하고 어떤 신중한 실행으로 제공되는 이런 유연성을 결여하고 있기 때문이다. 소득 감소를 초래하는 시간 손실과 생명을 보장해줄 조심스러움 사이에서 선택을 강요받는 그들은, 현재의 박탈보다는 멀리 떨어져 있거나 불확실한 위험을 도리어 선호한다.

(4) 그들의 진보를 가속화하기 위하여

이는 또한 다양한 직업을 연마하는 사람들과 다양한 직업에 종사하는 사람들을, 많은 소소한 비밀들로부터 해방시켜 주는 수단이다. 거의 모든 예술의 실행을 오염시켜 예술의 진보를 중단시키고 불성실과 협잡에 영원한 영양분을 공급하는 그런 작은 비밀들에서 해방시키는 수단인 것이다.

결국, 일반적으로 가장 중요한 실용적 발견들이 예술을 지도하는 계율이 되어주는 과학의 이론에 기인한다면, 예술가들만이 추구하고자 할 만한──그들만이 그럴 필요를 인식하고 거기서 만족을 느끼기 때문에──다수의 세세한 창조가 존재할 것이다. 그런데 그들이 받는 교육은 이러한 추구를 더 용이하게 만들어줄 것이다. 특히 그들이 자신들의 행로에서 길을 잃는 것을 막아줄 것이다. 교육이 없으면 창조적 재능을 타고난 예술가들에 속하는 사람들은 그 재능을 혜택으로 여기기는커녕 곧잘 몰락의 한 원인으로 여기게 된다. 그들은 자신이 발견한 열매로 재산이 불어나는 것을 보는 대신 부진한 탐구에 재산을 낭비한다. 그리고 무지로 인해 위험을 깨닫지 못한 채 잘못된 길로 들어섬으로써 결국 광기와 비참함의 나락에 떨어지고 만다.

3. 사회는 여전히 인류를 완성시키는 수단으로서 공교육을 실시해야 한다

(1) 재능을 타고난 모든 인간으로 하여금 그것을 계발할 수 있게 함으로써

문명화된 국민들이 야만성에서 벗어나고 무지와 편견을 따르는 모든 악에서 벗어난 것은, 각종 진실들의 연속적인 발견을 통해서이다. 인류가 부단히 완전해져가는 것은 새로운 진실들의 발견을 통해서이다. 그중 어떤 진실도 또 다른 진실 위에 올라설 방법을 제공하지 않는 것은 없기 때문에, 발걸음 하나하나가 우리를 극복하기 더 어려운 장애물들 앞으로 인도함과 동시에 우리에게 새로운 힘을 전달해준다. 따라서 이러한 완성에 어떤 한계를 설정하는 것은 불가능하다.

그러므로 사변적 진실들의 발견을 도와주는 것은 진정한 의무이며, 계속해서 인류를 다양한 수준의 완성으로, 결국 다양한 수준의 행복으로, 즉 자연이 인류에게 열망을 갖게 해주는 그러한 상태로 인도하는 유일한 방법이기도 하다. 우리가 만일 더 나은 것을 향해 진보하지 않는다면 선이 지속될 수 없는 만큼, 열정과 오류와 사건의 연속적이고 피할 수 없는 충격에 의해 후퇴할 위험에 노출돼 있어야 하는 만큼, 우리가 완성을 향해 나아가야 하는 이 의무는 더욱 중요해진다.

지금까지는 몇몇 개인들만이 유년기에 타고난 모든 능력을 계발하는 교육을 받아 왔다. 겨우 10분의 1의 어린이들만이 이 특혜를 받을 수 있었다. 금전적으로 그러한 혜택을 기대할 수 없어 요행으로 자신의 재능의 힘에 의지해 공부한 사람들이 진가를 충분히 발휘하지 못했음은 경험이 증명해주었다. 그 무엇도 이 초등 교육의 결여와 지식의 다양성의 결여를 보상해주지는 못한다. 초등 교육은 기초를 닦게 해주는 유일한 것이며, 지식의 다양성은 우리가 단일 지식 속에서 자연적으로 달성할 수 있을 것으로 기대되는 높이에 오르는 데 필요한 것이다.

그러므로 어떤 재능도 눈에 띄지 않은 채 빠져나가 사장되지 못하게 하고, 그래서 지금까지는 부유한 집 어린이들의 전유물이었던 모든 원조를 재능있는 어린이에게 제공하는 공교육의 형태를 취하는 것이 중요하다. 그리고 지금까지는 부유층 자녀들에게만 남겨졌던 모든 격려를 그들에게도 제공할 것이다. 심지어 사람들은 무지의 세기에도 공교육을 의식하고 있었다. 그때도 빈민 교육을 위한 많은 재단들이 있었다. 그러나 이 제도들은 그것이 생겨난 시대의 편견에 오염되어 있어, 개인들에게 공적인 혜택을 제공하는 교육만을 시행할 어떤 대비책도 포함하고 있지 않다. 이 제도들은 일종의 복권과 같은 것으로, 어떤 운 좋은 사람들에게 더 높은 단계로 상승할 수 있는 불확실한 특혜를 제공한다. 또한 이 제도들은 이들로 말미암아 유리해지는 사람들의 행복을 위해서는 그 역할이 매우 작았고, 공공의 유익을 위해서는 아무런 역할도 하지 않았다.

모든 장애물에도 불구하고 천부적 재능이 만들어낸 것을 보면, 만일 더 잘 이끌어주는 교육을 통해 창조력 있는 자의 수를 적어도 백 배로 증가시켰다면 인간의 정신이 얼마나 진보할 수 있었을지 가늠해볼 수 있다.

물론 같은 지점에서 출발한 열 사람이 하나의 과학에서 혼자일 때보다 열 배 더 많이 발견하지는 못하며, 열 배 더 멀리 가지 못한다는 것은 사실이다. 그러나 과학의 진정한 진보는 앞서가는 것에 한정되는 것이 아니다. 같은 지점의 주위를 더욱 확장해, 같은 원리에서 나오는 결과들과 같은 방법론으로 발견된 진실들을 더 많이 끌어모으는 것 역시 과학의 진보에 포함된다. 이러한 진실들을 철저하게 규명한 뒤에야 그 너머로 나아가는 것이 대체로 가능하다. 이렇게 볼 때 이 부수적인 발견의 양이 실제적 진보를 이끈다.

또한 같은 단계의 진실에 몰두하는 사람들이 증가하면, 새로운 진실들을 발견하게 될 희망이 커진다는 것을 관찰해야 한다. 정신 수준의 차이에 따라 그들이 여러 차원의 난관에 더욱 쉽게 대응할 수 있기 때문이다. 그리고 종종 탐구 대상의 선택과 심지어 방법론의 선택에까지 영향을 미치는 우연한 조건이, 적당한 조합들을 더 많이 만들어내게 된다는 것을 관찰해야 한다. 게다가 방법론을 창조하고 새로운 활동 무대를 열도록 운명지어진 천부적 재능은, 세부적인 발견 정도를 기대하게 하는 일반적 재능에 비해 수적으로 훨씬 희소하다. 더 많은 젊은 정신들에게 그들의 운명을 완수할 수단들을 제공할수록 천부적 재능이 자주 단절되지만 대신에 그만큼 더 빨리 이어져나가게 될 것이다. 결국 이 세부적인 발견들은 특히 그 적용에 의해 유용하다. 그리고 창조하는 천부적 재능과 그 재능이 공공의 이익에 도움이 되게 하는 실행자 사이에는 항상 관통해야 할 간극이 남아 있는데, 이런 하위 요소에 속하는 발견들 없이는 그 간극을 건너지 못하는 경우가 많다.

이처럼, 교육의 한 부분이 평범한 사람들로 하여금 천부적 재능이 만들어낸 작업들을 필요에 의해서든 행복을 위해서든 이용하고 채용할 수 있다면, 교육의 또 다른 부분은 자연적으로 갖추어진 재능을 이용하고, 그 재능을 방해하는 장애물을 제거해주고, 재능을 발전시키는 데 도움을 주는 것을 목적으로 한다.

(2) 앞 세대의 문화를 통해 새로운 세대를 준비한다

더 균등하게 확장되는 교육에서 우리가 기대하게 되는 이

런 완성은 아마도, 동등한 자연적 능력을 갖고 태어난 개인
들에게 허용된 모든 가치들을 그들에게 제공하는 것에 한정
되지는 않을 것이다. 언뜻 생각하게 되는 것과는 달리, 문화
가 세대들을 개선시킬 수 있고 개인의 능력의 완성이 후손들
에게 전달되리라고 생각하는 것은 그렇게 비현실적인 것이
아니다. 이는 경험이 증명해주었다고 생각된다. 개명된 나
라들에 둘러싸여 있으면서도 문명에서 벗어나 있는 인민들
은 그들에게 평등한 교육 수단이 제공되는 그 순간까지는 개
명된 나라들의 수준에 도달하지 못할 것이다. 인간의 필요에
예속된 동물 종種들에 대한 관찰은 이런 견해에 알맞은 유비
를 제공한다. 우리가 동물에게 제공하는 교육은 단지 그들의
몸체, 외형, 순수하게 신체적인 성질을 변화시키는 것이 아
니다. 동물을 교육하는 것은 자연적 성향들과 다양한 종의
성격에 영향을 미친다.

　만일 여러 세대가 변함없이 똑같은 목적을 지향하는 교육
을 받았고, 그 세대를 구성하고 있는 사람들 각자가 교육을
통해 정신을 발전시켰다면 후세들은 교육받기에 더 용이하
고 교육을 이용하기에 더 적합한 상태로 태어날 것이라는 점
은 너무나 간단히 생각할 수 있는 부분이다. 영혼의 본성에
관해 우리가 어떤 견해를 갖고 있든, 또는 우리가 어떤 회의
주의에 빠져 있든, 심지어 감지될 수 있는 것들에서 가장 멀
리 벗어나 있는 것 같은, 사상에 필요한 중개적인 지적 기관

들의 존재를 부정하기는 어렵다. 흔히 이런 기관들은 여기서 느껴지는 피로로 존재를 드러내게 되는데, 깊이 성찰하는 사람들 중에 이를 눈치채지 못할 사람은 없다. 이 기관의 힘이나 유연성의 정도는 신체의 나머지 부분에서 독립되어 있지는 않지만, 신체든 감각이든 건강에도 활력에도 적합하지 않다. 따라서 우리 능력의 강도는 적어도 부분적으로는 지적 기관들의 완성에 결부되어 있다. 또한 이 기관들은 우리를 낳은 사람들 속에 있으므로, 이 완성이 그런 상황에서 독립되어 있지 않다고 생각하는 것은 당연하다.

오랜 세기를 통해 축적된 거대한 양의 진실들을 이 무한한 완성에 대한 장애물로 여겨서는 안 된다. 그 진실들을 일반적인 진실들로 만드는 방법, 그 진실들을 어떤 단순한 체계에 따라 정돈하는 방법, 그 진실들에 대한 표현을 더욱 명확한 공식들로 요약하는 방법 또한 마찬가지로 진보를 가능하게 한다. 그리고 인간 정신은 진실을 많이 발견할수록 그것들을 더욱더 많이 채용해 더욱더 많이 조합해낼 수 있게 될 것이다.

만일 인류의 무한한 완전성이 내가 믿듯 자연의 일반 법칙이라면 인간은 더 이상 일시적이고 고립된 존재로 제한되어 있다고 간주해서는 안 되며, 자신을 위해, 그리고 우연에 의해 그의 주변에 있었던 사람들을 위해 선과 악을 번갈아 겪은 후에 사라질 운명에 처해 있다고 간주해서도 안 된다. 인간은 거대한 전체 활동의 한 부분이 되고, 영원한 작업의 협력자가 된다. 공간의 한 지점 위에 놓인 한 순간의 생존 안에서 인간은 노동을 통해 모든 장소를 감싸안을 수 있고 모든 세기에 연결될 수 있으며, 그에 대한 기억이 지상에서 사라진 후에도 여전히 오랫동안 활동할 수 있다.

우리는 우리의 계몽을 자랑한다. 그러나 우리의 견해와 우리의 습관 속에서, 잊혀진 스무 개의 민족——이들에게는 시간을 초월해 변화에서 살아남은 것만이 오류가 되는——의 편견이 남긴 자취를 발견하지 않고서 우리가 사회의 현 상태를 고찰하는 것이 가능한가? 철학자들과 시계가 존재하는 국가, 글쓰기 기술이 아직 존재하지 않던 시대에 필요에 의해 도입되었던 제도들이 인간의 지혜의 걸작으로 여겨지는 국가, 그리고 공적 활동에서 시간을 측정하는 데 미개 민족에게 제공되었던 기초적 수단들이 사용되는 국가를 예로 들 수 있을 것이다. 우리가 이미 멀리서 느끼고 있는 완성, 천부적 재능에 의해 우리에게 이 완성의 길이 열리고 평탄해지며, 천부적 재능의 지칠 줄 모르는 활동에 의해 우리는 완성으로 인도되는데, 이러한 완성의 조건에서 우리가 얼마나 멀리 떨어져 있는지 감지하는 것은 불가능한 것인가? 훨씬 더 넓은 한 공간이 우리 자손들의 눈에 분명하게 드러나게 마련인데도 말이다. 아직 남아 있는 파괴해야 할 모든 것, 어떤 미래, 심지어 가까운 미래에 우리의 희망에 제공하는 모든 것에 우리가 똑같이 충격받지 않을 수 있을까?

ㄱ. 공교육은 시간이 초래하게 마련인 변화들에 국민들을
　　준비시키는 데도 필요하다

자연의 일반 법칙으로 야기되었든 아니면 오래 계속된 노동의 결과로 야기되었든 한 나라의 기후와 토양으로 인한 성향 변화, 새로운 문화, 새로운 예술 수단의 발견, 일손을 덜 요구함으로써 노동자들로 하여금 다른 직업을 찾지 않을 수 없게 하는 기계의 도입, 결과적으로 인구의 증가 또는 감소. 이러한 것들은 시민들 서로간의 관계에서든 시민과 타국민과의 관계에서든 다소 중요한 변혁을 초래하게 마련이다. 여기서 이용할 준비를 갖추도록 하는 새로운 선, 혹은 고치거나 단념하거나 예방해야 하는 악이 생겨날 수 있다. 따라서 이것들을 예측할 수 있어야 하며, 미리 습관을 변화시킬 준비를 해야 할 것이다. 항상 같은 격률에 의해 통치되는 나라, 시간의 흐름에 따라 초래된 변혁들의 필연적 결과인 변화에 복종할 생각을 하지 못하는 제도들을 가진 나라는, 국가의 번영을 보장해주었던 견해와 방식들이 도리어 국가의 몰락을 초래하는 것을 볼 것이다. 어떤 경우에는 악덕의 과잉이 틀에 박힌 행동에 몰두하는 어떤 국민을 바로잡을 수 있다. 반면 일반 교육을 통해 이성의 목소리를 따르게 된 나라, 습관이 우둔함에 부과하는 이 철의 멍에에 복종하지 않는 나라

는 경험에서 나온 일차적인 교훈들을 이용할 것이며, 심지어 때때로 그 교훈들을 예고할 것이다. 자기가 태어난 장소에서 멀리 떠나가야만 하는 개인은 그곳에 계속 남아 있는 개인보다 더 많이 구상해야 하고, 그곳에서 멀어짐에 따라 새로운 자원들을 만들어야 한다. 이와 마찬가지로 여러 세기를 경과한 국가들은 어떤 교육을 필요로 한다. 이들은 시간의 흐름에 따라 부단히 새로워지고 교정되면서 때때로 교육을 예견하는 교육, 결코 교육에 거역하지 않는 교육을 필요로 하는 것이다.

인류의 보편적 완성으로 발생하는 변혁은 분명 인류를 이성과 행복으로 인도할 것이다. 그러나 완성을 얻기 위해 어느 정도는 일시적인 불행을 치러야만 하는 게 아닐까? 만약 일반 교육이 사람들을 서로 접근시킨다면, 그리고 항상 불균등하게 보급되는 계몽의 진보가, 한 민족의 여러 계급들 사이에서 그렇듯 여러 나라 사이에서 탐욕과 계략이라는 영원한 싸움의 자양분이 되었다면 시대는 얼마만큼 후퇴하는 게 아닐까?

ㄴ. 공교육의 삼분할

이 모든 고찰을 통해 우리는 매우 다른 세 종류의 교육이 필요함을 알 수 있다.

첫째, 다음과 같은 사항들을 목표로 하게 될 공교육이다.

① 직업과 취향에 상관없이 모든 인간이 알아둘 만한 것이라고 생각되는 것을, 각자의 능력과 할애할 수 있는 시간의 정도에 따라 가르친다.

② 각 주체의 특별한 재능을 인식하는 수단을 확보해 보편적 이익을 위해 사용할 수 있게 한다.

③ 학생들에게 그들이 지향하는 직업에 요구되는 지식을 갖춰준다.

두 번째 종류의 교육은, 공공의 이익을 위해서든 직업에 몸바치는 사람들의 사적 복지를 위해서든, 유익한 다양한 직업들과 관련된 학습을 목표로 해야 한다.

끝으로 세 번째 교육은 순수하게 과학적인 것으로, 새로운 발견을 통해 인류를 완성시킬 운명을 타고난 사람들을 양성해, 이 발견을 촉진하고 가속화하고 증가시켜야 한다.

ㄷ. 어린이 교육과 성인 교육을 구분할 필요성

이러한 세 가지 교육은 다시 둘로 나뉜다. 어린이에게는 그들이 자신의 권리를 진정으로 누리게 될 때, 그들이 목표로 하는 직업에 독자적으로 종사하게 될 때 알고 있으면 유익할 것들을 우선 가르쳐야 한다. 그러나 전 생애를 포용해야 하는 또 다른 종류의 교육이 있다. 진보와 손실 사이에 중간은 없다는 것을 경험은 증명해준다. 이성을 강화하고 이미 습득한 지식을 새로운 지식으로 살찌우고, 오류를 바로잡고,

이미 받아들일 수 있었던 불완전한 개념들을 정정하는 등의 일을 교육에서 빠져나옴으로써 중단하는 사람은 이내 초년 공부의 열매가 모두 사라지는 것을 보게 될 것이다. 시간은 다른 공부에 의해 갱신되지 않는 이 초기 인상들의 흔적을 지울 것이고, 정신 자체는 응용 습관을 잃음으로써 그 유연성과 힘을 상실할 것이다. 생존에 필요한 직업 때문에 최소한의 자유밖에 누릴 수 없는 사람들에게서 교육 시간은 그들이 공부하는 데 할애할 수 있는 모든 시간에 훨씬 못 미친다. 결국, 새로운 진실의 발견, 이미 알려진 진실의 전개나 발전이나 응용, 사건들의 결과, 법과 제도상의 변화, 이런 것들은 교육의 빛에 새로운 빛을 첨가하는 것이 유익하고 필수적이기까지 한 환경을 초래하게 마련이다. 그러므로 교육이 인간을 양성하는 것으로는 충분치 않다. 교육은 양성한 사람들을 보존하고 완성시켜야 하며, 이들을 계몽시키고, 오류로부터 보호하고, 다시 무지에 떨어지지 않게 해야 한다. 진실의 사원 문이 모든 연령에 열려 있어야 하고, 부모의 지혜가 아이들의 영혼으로 하여금 그 사원에서 신탁을 듣도록 준비해준다면 아이들은 항상 그 목소리를 알아들을 수 있어야 하고, 여생 동안 그 목소리를 협잡의 궤변과 혼동할 위험에 처하지 않아야 한다. 그러므로 사회는 금전적인 문제로 학습 수단을 갖지 못하는 사람들, 초기 교육에서 변별화되지 못하고 알면 유익할 진실들을 찾지 못한 사람들을 위해 쉽고 간단한 학습 수단들을 마련해야 한다.

ㄹ. 자연적 능력과 배움에 할애할 수 있는 시간의 정도에
따라 여러 등급으로 교육을 구분할 필요성

어린이들은 부모의 경제적 능력, 가정 환경, 주어진 상태
에 따라 교육에 많은 시간 혹은 적은 시간을 할애할 수 있다.
모든 개인이 동등한 능력을 가지고 태어나지는 않으며, 같은
방법론에 의해 같은 기간 동안 교육받은 모든 피교육자들이
같은 것을 습득하지는 않을 것이다. 편의와 재능이 떨어지는
사람들이 더 많이 배울 수 있도록 애씀으로써 우리는 이러한
불평등의 결과들을 감소시키기는커녕 도리어 증가시킬 뿐
이다. 이는 우리가 유용하다고 이해해서 받아들인 것이 아니
라, 성찰이나 습관에 의해서 집착하고, 특히 우리 스스로의
고유한 속성으로 삼은 것이다.

그러므로 각 개인에게 주어지기에 적합한 지식의 합계는
그가 공부에 할애할 수 있는 시간뿐만 아니라 집중력, 기억
의 범위와 지속성, 지성의 능란함과 명료함에 따라 다르다.
이 같은 고찰은 개인의 직업을 목표로 하는 교육에도, 진정
과학적인 연구에도 똑같이 적용될 수 있다.

그런데 공교육은 같은 시기에 교육을 받는 모든 개인에게
는 똑같은 것일 수밖에 없다. 그래서 교육 투자 시간, 이해력
의 정도에 따라 각 학생의 교육 등급을 나누는 방식으로 단

계적인 다양한 교육 과정을 설정함으로써만 이러한 차이를 고려할 수 있다. 일반 교육을 위해서는 세 가지 종류를, 다양한 직업이나 과학과 관련된 교육을 위해서는 두 가지 종류를 설정하는 것만으로 충분해 보인다.

각 종류들은 교육의 여러 등급을 이루어, 교육이 떠안을 수 있는 대상의 수를 줄이고 각 대상의 한계를 다소 멀어지게 하는 일을 쉽게 해준다. 현명한 아버지 또는 그런 아버지의 역할을 해주는 사람은 자연적 능력과 계몽에 대한 욕망과 관심에 따라, 학생들의 다양한 소질과 교육 목표에 공통되는 교육을 채택할 수 있을 것이다. 인간을 위해 성립된 제도들 속에서 각자는 마찬가지로 자신의 필요에 맞는 교육을 발견할 것이다. 그러므로 형평성 있게 모두에게 마련되는 교육은 더 이상 자연과 금전에서 유리한 몇몇 사람들을 위해서만 고안되지는 않을 것이다.

4. 공통 교육에 더 많은 단계를 설정하는 동기

(1) 시민들이 공적 기능을 수행할 수 있도록 함으로써 그 기능이
    하나의 직업이 되지 않게 하기 위해서

나는 공통 교육의 등급을 늘릴 세 가지 주요 동기를 발견한다.

사적인 직업에서는 거기에 종사하는 사람들이 수익과 실적이라는 이익을 주요 목표로 삼으며 다른 사람들과의 관계가 항상 개인 대 개인으로 이루어지는데, 공공의 이익을 위해서 이 직업들이 좀더 세분화되어야 한다. 더 제한적인 직업이 동등한 능력과 동일한 노동으로도 더 잘 실행될 수 있기 때문이다. 전체 사회와 직접 관계를 맺고 전체 사회에 작용해 진정한 공적 기능을 가지는 직업은 전혀 그렇지 않다.

만일 법률 제정, 행정 업무, 재판 기능이 각자에게 맞는 공부로 그 일을 준비한 사람들에게 예정돼 있는 사적인 직업이 되어버리면, 우리는 더 이상 진정한 자유가 넘친다는 말을 할 수 없다. 그런 경우 한 나라에는 반드시 재능이나 계몽이 아니라 직업에서 일종의 귀족주의가 형성된다. 영국에서 법조인이라는 직업이 그 구성원 사이에서 거의 모든 현실의 권력을 집중시키게 된 것도 바로 이 때문이다. 더 자유로운 국가는 더 많은 공적 기능이 공통 교육만 받은 사람들에 의해서도 행사될 수 있는 나라이다. 따라서 법률은 이런 기능의 훈련을 더 단순화하려고 노력해야 하며, 동시에 지혜롭게 고안된 교육 제도가 그 제도를 이용할 수 있었던 사람들을 이러한 기능들에 활용하고, 그것을 합당하게 해주는 모든 필요한 범위를 이러한 공통 교육에 제공해야 한다.

(2) 생업métier과 전문직업profession의 분할이 인민을 우둔함
   으로 이끌지 않도록 하기 위하여

  애덤 스미스Adam Smith는 기계적인 직업이 분화될수록 인
민은 소수의 같은 종류의 관념에 제한된 사람들 특유의 우둔
함에 물들 위험이 있음을 지적했다. 법률이 더욱 많은 평등
을 수립해놓는 만큼 한 국가에서 더욱 위험한 이러한 악덕의
유일한 치유책은 교육이다. 사실, 순수하게 개인적인 권리들
너머까지 교육이 미친다면 국가의 운명은, 이성적으로 판단
하지 못하고 자기 고유의 의지를 지니지 못하는 상태의 인간
에게도 부분적으로 의존한다. 법률은 권리의 평등을 선고한
다. 그리고 공교육 제도만이 이런 현실적 평등을 줄 수 있다.
법률로 확립된 평등은 사법을 통해서 명령된다. 그러나 교육
만이, 이성과 공공 이익에 맞게 행사되어 같은 사회의 다른
구성원들의 권리를 해치지 않는 권리들만의 허가를 규정하
는 원리에 이 사법의 원리가 모순되지 않도록 할 수 있다. 동
시에 공통 교육의 등급 중 하나가 평범한 능력을 갖춘 사람
들을 모든 공적 기능들에 충당할 수 있도록 해야 한다. 그리
고 또 다른 등급은, 기계적 직업의 가장 제한적인 부분에 배
치될 예정인 개인은, 그것에 대한 공부에 투자할 수 있는 시
간을 그만큼 조금만 요구해야 한다. 그래서 그가 얻게 될 개
념의 범위에 의해서가 아니라 선택과 정확함으로 어리석음
을 피할 수 있게 해야 한다.

그러지 않으면 권력은 그것을 얻은 개인들의 배타적 유산으로 만들면서, 어떤 직업에 헌신하면서, 매우 현실적인 어떤 불평등을 끌어들이게 될 것이다. 혹은 그 사람들을 여전히 부당하고 잔인하며, 여전히 어떤 위선적 압제의 부패한 의지에 굴복하는 무지의 권위에 내맡기게 될 것이다. 이성을 잃은 어리석은 다수 선동자들의 광포한 변덕에 번영과 자유와 안전을 희생시킴으로써만 평등이라는 협잡의 유령을 유지시킬 수 있을 것이다.

(3) 일반 교육을 통해 허영과 야심을 감소시키기 위하여

인구가 많은 사회에서, 생존을 위해서든 부유해지기 위해서든 맡은 바 일에 자신의 모든 시간을 쏟아 붓지 않는 사람들이, 권력을 안겨주고 허영심을 만족시켜주는 지위를 추구하면서 드러내는 혼란스러운 탐욕은 큰 악덕이다. 어떤 사람은 지식을 조금 습득하자마자 이미 자기 마을을 다스리거나 계몽시키고 싶어 안달한다. 자기 일을 돌보는 데 몰두해, 가정에 파묻혀 평온하게 자녀의 행복을 준비하고 우정을 돈독히 하고 자비를 행하고 새로운 지식을 통해 이성을 강화하고 새로운 덕성을 통해 영혼을 강화하는 시민의 삶을 거의 무용하고 수치스러운 삶으로 간주한다. 그러나 이런 부류의 사람들의 공정함과 공평함과 계몽이 결국 여론을 이끌게 마련인 만큼——이들만이 효과적인 저항 없이 모든 지위를 점령하

는 허풍과 위선에 장벽을 세울 수 있기 때문에——만일 우리
가 이들의 숫자가 증가하는 것을 보지 못한다면, 한 국가가
평화로운 자유를 누리고 제도와 법을 완성시킬 수 있게 되기
를 희망하기는 어려운 일이다. 재능과 덕성 때문에 그런 자
리에 부름 받은 사람들은 이런 원조 없이는 음모와 맞서 싸
울 때 불리하기만 하다. 결국 어떤 자연적 본능은 거의 계몽
되지 않은 인간들에게, 항상 그들의 동의를 얻고자 희망하는
사람들을 위해 일종의 거부감을 고취할 것이다. 자신의 고유
한 계몽에 따라 판단할 수 없는 그들이 자신의 경쟁자를 믿
겠는가, 아니면 자기 경쟁자의 경쟁자를 믿겠는가? 만일 이
러한 이익이 현실적으로 존재한다면 그들은 분명 그 이익을
알아보지 못했듯이 그만큼 더 쉽게, 그들이 자신들에게 숨겨
진 이익이 있다고 추측할 것이라는 자신들의 견해를 의심하
지 않을까? 그러므로 시민들의 보통의 신뢰는 어떤 것도 희
망하지 않고 그들의 선택을 안내할 수 있는 사람들에게 의지
할 수 있어야 한다.

하지만 이런 부류는 공교육이 매우 많은 개인에게 쉽게 지
식을, 즉 삶에 위로를 주고 삶을 아름답게 하는 지식, 시간의
무게와 휴식의 피로를 느끼는 것을 방해하는 지식을 습득할
수 있게 해준 나라에만 존재할 수 있다. 진실이 이 고귀한 친
구들에게 유익할 정도로 충분히 증가할 수 있고, 그들과 동
등한 사람들의 사회에서 수수하고 평화로운 직업의 고무를

발견할 수 있는 것은 이 때문이다. 평범한 지식이 마음을 호리는 희망으로 야심을 일깨우지 않고, 우리가 하나의 교양인과 계몽된 시민일 뿐인 데 만족하기 위해서는 공통 덕성만이 필요하다는 것은 오직 이 때문이다.

우리가 좀 전에 어린이 교육에 대해 한 이야기는 성인 교육에도 똑같이 적용된다. 필연적으로 불평등한 것들 사이에 존재할 수 있는 모든 평등을, 우월성을 배척하는 평등을 구현하기 위해 성인 교육은 그들의 자연적 능력, 초기 교육의 범위, 그들이 여전히 교육에 할애할 수 있는 시간, 할애하고자 하는 시간에 걸맞은 것이어야 한다.

불공정한 원리들을 토대로 한 헌정체제에서는 군주정치와 귀족정치의 교묘한 혼합이 인민의 자유는 파괴하지만 인민의 평화와 복지를 보장할 수는 있을 텐데, 이러한 헌정체제하에서 일반적인 공교육이 아마도 유용할 것이다. 그러나 국가는 이러한 교육 없이도 평화를 보존할 수 있을 것이다. 심지어 일종의 번영을 지속할 수 있을 것이다. 하지만 사회의 모든 부류가 같은 권리를 누리도록 하는, 진실로 자유로운 국제는, 만일 일부 시민의 무지가 그 헌정체제의 본질과 한계, 그들이 모르는 것에 대해 말할 의무와 그들이 판단할 수 없을 때 선택할 의무를 알게 해주지 않는다면 존속할 수 없다. 그런 헌정체제는 몇 차례 혼란을 겪고 나면 스스로 파괴될 것이고, 무지한 인민과 부패한 인민 가운데 평화를 보존할 수 없는 그런 정부 형태의 하나로 전락할 것이다.

ㄱ. 교육의 각 부문과 각 등급을 개별적으로 고찰할 필요성

좀 전에 설정된 여러 부문들의 각각을 위해 다음과 같은 것을 고찰해야 한다. ① 무엇을 가르칠 것이며, 어느 선에서 교육을 중지해야 하는가. ② 각 교육에 어떤 교재를 사용할 것이며, 교육에 첨가할 만한 또 다른 유익한 수단들은 무엇인가. ③ 어떻게 가르쳐야 하는가. ④ 어떤 교사를 선택할 것이며, 누가 어떤 방법으로 교사를 선택해야 하는가.

사실 이런 다양한 문제들은 방금 설정된 각 부문들에서 똑같은 방식으로 해결되어서는 안 된다. 진정한 체계적 정신은 동일한 격률의 적용을 무턱대고 확장하는 데 있는 것이 아니라, 같은 원리에게서 각 대상에 맞는 규칙들을 끌어내는 데 있다. 그것은 성찰에 제공되는 공정하고 진실된 모든 관념을 모든 면에서 비교하는 재능이고, 감추어진 새롭거나 깊은 조합을 끌어내는 재능이지, 초기적인 것으로 제시되는 소수의 관념에 따라 형성된 조합들을 일반화하는 기술이 아니다. 따라서 세계의 체계 속에서 공통 규칙에 의해 상호 종속에 예속돼 있는 천체들은 각각 서로 다른 궤도에서 움직이고, 매번 다른 속도로 이끌려가는 다양한 방향을 따르며, 같은 원리의 결과 속에서 외양과 운동상의 무진장한 다양성을 보여준다.

ㄴ. 해결해야 할 예비적 문제

그러나 이런 세부적 사항에 들어가기에 앞서 다음과 같은 것들을 결정해야 한다. ① 국가 권력에 의해 제정된 공교육이 지식 중심 교육에 한정돼야 하는가. ② 이런 공교육에서 공권력의 권리는 어디까지 미치는가, 교육이 남녀 모두에게 같은 것이어야 하는가 아니면 각 성별에 맞는 특수한 설정이 필요한가.

5. 공교육은 지식 중심 교육에 한정되어야 한다

(1) 노동과 재산의 필연적 차이가 더 넓은 범위를 제공하는 것을 방해하기 때문이다

공교육은 지식 교육에 한정되어야 하는가? 우리는 고대인들에게서 공동체 교육의 몇몇 사례를 발견한다. 그러한 교육에서는 공화국의 아이들로 간주되는 모든 젊은 시민들은 가족이나 그들 자신을 위해서가 아니라 공화국을 위해서 양성되었다. 여러 철학자들이 유사한 제도의 도표를 그렸다. 그들은 거기서 공화주의자의 자유와 덕성을 보존할 수단을 발견하리라 믿었다. 그러나 그들은 몇 세대 후, 과거에 자유와 덕성이 화려하게 빛나는 터전이 되었던 나라가 한결같이 멀어져가는 것을 보게 되었다. 그러나 이 원리를 근대 국가에 적용할 수는 없다. 교육에서의 이런 절대적 평등은 사회 노동이 노예를 통해 형성되는 인민에게서만 존재할 수 있다. 고대인들이 인간 본성에 가능한 모든 덕성을 갖춘 또 다른 국민을 양육할 수단들을 모색했던 것에는 항상 어떤 타락한 국민이 가정돼 있다. 그들이 시민들 사이에 확립하고자 했던 평등은 언제나 노예와 주인의 엄청난 불평등을 기초로 한 것이었고, 자유와 정의에 대한 그들의 모든 원리는 불공정과 예속을 토대로 한 것이었다. 또한 그들은 모욕당한 본성의 정당한 앙갚음을 피할 수 없었다. 그들은 다른 사람들이 자신들처럼 자유롭게 되는 것을 용인하고 싶지 않았기 때문에, 다른 사람들이 자유로운 존재가 되는 것을 도처에서 중단시켰다.

자유에 대한 그들의 제어할 수 없는 사랑은 독립과 평등에 대한 고귀한 열정이 아니라 야심과 자만의 열기였다. 가혹함과 불의가 섞여 그들의 더욱 고귀한 덕성을 부패시켰다. 지속될 수 있는 유일한 것인 평화로운 자유가, 어떻게 지배권을 행사함으로써만 독립적일 수 있고 다른 사람들을 적으로 대하지 않고 형제들과 살 듯이 동료 시민들과 살 수 있는 사람들의 것이 되었을까? 그러나 오늘날, 자연이 동등한 사람으로 만든 존재들을 노예로 만들면서도 자유를 사랑한다고 자랑하는 사람들은 고대 인민들의 이러한 오염된 덕성을 열망하지 않는다. 그들은 필요성이라는 편견도, 보편적 관습의 물리칠 수 없는 오류도 더 이상 핑계 삼지 않는다. 탐욕으로 동류들의 피와 고통에서 수치스런 이익을 얻어내는 천박한 사람은 그를 얻으려는 주인에게 노예 못지않게 속해 있는 존재다.

사회의 고된 일자리들은 우리 가운데 자유로운 사람들에게 맡겨지는데, 이들은 생계를 유지하기 위해 노동을 하지 않을 수 없는 존재이지만, 금전적인 여유 덕분에 그러한 일자리에서 면제된 사람들과 똑같은 권리를 가진, 똑같은 사람들이다. 시민들의 자녀는 대부분 고된 직업에 종사하도록 예정돼 있다. 일찍부터 수련을 시작해야 하고, 그들의 모든 시간을 일에 바쳐야 하는 그런 직업이다. 심지어 다 자라기도 전에 그들의 노동이 가족 생계비의 일부가 되기 때문이다. 반면 살 만한 부모를 둔 덕분에 광범위한 교육에 더 많은 시간을 할애할 수 있고 다소 지출을 할 수 있는 다수의 어린이들은 이러한 교육을 통해 벌이가 더 좋은 직업을 준비한다. 그리고 남의 신세를 지지 않을 만큼 풍족한 재산을 갖고 태어난 또 다른 어린이에게 교육은 더 행복하게 살 수 있는 수단을 보장해주고, 지위나 도움이나 재능이 제공하는 경제적 부나 존경을 획득하는 수단을 보장해주는 것을 유일한 목적으로 삼는다.

따라서 너무나 다른 운명을 가진 인간들에게 엄격하게 한 종류의 교육을 부과하는 것은 불가능하다. 만일 교육이 교육에 적은 시간밖에 할애할 수 없는 사람들을 위해 성립된다면 그 사회는 계몽의 진보에 기대할 수 있는 모든 이익을 희생해야만 한다. 반대로, 만일 젊음 전체를 교육에 바칠 수 있는 사람들을 기준으로 교육을 고안해내고자 한다면, 우리는 거기서 극복할 수 없는 장애물들을 발견하게 될 것이고, 혹은 대다수의 시민을 포용하는 제도의 이점을 포기해야 할 것이다. 결국 이러한 두 가정에서 어린이들은 자신을 위해 양육되는 것도, 조국을 위해 양육되는 것도, 그들이 만족시켜야 할 필요를 위해 양육되는 것도, 그들이 완수해야 할 의무를 위해 양육되는 것도 아니다.

공교육은 지식 교육처럼 단계화될 수 없다. 무가치하고 심지어 해로운 것이 아니라면 그 교육은 완전해야 한다.

(2) 교육이 부모의 권리를 해칠 것이기 때문이다

공교육을 단 하나의 지식 교육에 한정시키는 또 다른 동기가 있다. 공권력이 존중해야 하는 권리들을 해치지 않고서는 공교육을 더 멀리 확장시킬 수 없다는 것이다.

인간은 자연권을 더욱 완전하고 평화롭고 확실하게 누리기 위해서만 사회에 결집된다. 그리고 아마도 우리는, 아이들의 초년기를 지켜보고, 그들의 지성을 보충하고, 그들의 취약함을 뒷받침하고, 그들의 싹트는 이성을 안내하고, 그들에게 행복을 마련해준다는 동기를 거기에 포함시켜야 한다.

이는 자연이 부과한 의무이고, 거기서 부성父性이 포기할 수 없는 하나의 권리가 생겨난다. 우리는 아버지들로 하여금 가족을 부양할 권리를 포기하게 강요하는 권력을 실제로 절대 다수를 차지하는 가장들에게 줌으로써, 나아가 그들의 다수의 대표자들에게 그 권력을 위임함으로써 진정 불의를 범할 것이다. 자연적 관계를 깨트려 가정의 행복을 파괴하고, 모든 덕성의 최초의 싹인 이런 자식으로서의 인지 감정을 약화시키거나 무화시키기까지 하는 그런 제도를 통해 우리는 그것을 채택한 사회에 상투적인 행복과 인공적 덕성만을 갖게 할 것이다. 이런 수단은 아마도 군대나 참주의 사회를 형성할 수는 있을 테지만, 인간의 나라, 우애 있는 인민은 결코 형성할 수 없을 것이다.

(3) 공교육은 견해의 독립에 어긋나게 될 것이기 때문이다

게다가 교육은 모든 분야에서 취해질 경우 단지 실증적 지식 교육, 사실과 계산의 진실을 가르치는 것에 한정되지 않고, 정치적, 도덕적, 종교적인 모든 견해를 포용한다. 그런데 이 견해의 자유는, 만일 사회가 태어나는 세대들을 독점해 그들에게 그들이 믿어야 할 바를 강요한다면 공허한 것에 불과할 것이다. 교육이 부과한 견해를 가지고 사회에 발을 들여놓는 사람은 더 이상 자유로운 인간이 아니다. 그는 그의 선생의 노예이고, 그의 족쇄는 그가 그 족쇄를 느끼지 못하는 만큼, 그리고 타인의 이성에 복종하는 것일 뿐인데도 자신이 자기 이성에 복종한다고 믿는 만큼 더 끊기 어렵게 된다. 아마 우리는 자기 가족의 견해를 받아들인다 해도 그가 현실적으로 더 자유롭지 못하다고 말할 것이다. 그러나 이 견해들은 모든 시민들에게 동일하게 적용되지는 않는다. 각자는 자신의 믿음이 보편적 믿음이 아니라는 것을 이내 알게 된다. 그는 자신의 믿음을 거부하도록 타일러진다. 그의 믿음은 그의 눈에 더 이상 관례적인 진실의 성격을 띠지 못한다. 그리고 그의 오류는, 만일 그가 그것을 고수한다면 그것은 이제 자발적인 오류일 뿐이다. 이의가 제기되면서부터 이러한 초기의 생각들이 얼마나 약화되는지 경험은 보여준다. 그것을 버림으로써 느끼게 되는 자랑스러움이 바뀌지 않는 것에서 오는 자랑스러움보다 우세할 때가 많다는 것을 우리는 알고 있다. 심지어 이 견해들이 모든 가계에서 거의 같은 것으로 시작될 때도, 만일 공권력의 어떤 오류가 그들에게 결합점을 제공하지 않는다면 이내 우리는 견해들이 갈라지는 것을 볼 것이며, 그때부터 통일성과 더불어 모든 위험은 사라질 것이다. 한편 우리가 가정 교육에서 얻는 편견은 사회의 자연적 질서의 결과이며, 슬기로운 교육은 계몽을 퍼트리며 이러한 편견의 치유책이 되어준다. 반면 공권력에 의해 주어지는 편견은 진정한 하나의 압제이며, 자연적 자유의 가장 귀중한 부분 가운데 하나에 위배되는 것이다.

고대인들은 이런 종류의 자유에 대해서는 어떤 개념도 갖고 있지 않았다. 심지어 제도상 그들은 자유를 무화시키는 것만을 목적으로 했던 것 같다. 그들은 입법자의 체계 안에 부합하는 관념과 감정만을 사람들에게 남겨주기를 바랐다. 그들에게 자연은 기계 장치를 창조할 뿐이고, 오직 법률만이 그 기계 장치의 태엽들을 조정하고 작동을 제어할 수 있다. 이러한 체계는 주변에서 편견과 오류밖에 볼 수 없는, 태동 중인 국가에서는 용서받을 만하다. 한편 잘 알려졌다기보다는 추측된 것이고, 발견되었다기보다는 예견된 것인 소수의 진실은 그것을 감추기를 강요받은 몇몇 특권 있는 사람들의 몫이었다. 그래서 우리는, 오류를 사회의 행복의 토대로 삼을 필요가 있고, 결과적으로 그 행복을 확실히 하기에 적합하다고 판단된 견해들을 보존하고 모든 위험한 시험에서 보호할 필요가 있다고 생각할 수 있었다.

그러나 진실만이 지속적인 번영의 기초가 될 수 있고, 부단히 성장하는 계몽 덕분에 더 이상 오류가 영원한 제국을 자만할 수 없게 된 오늘날에는 교육의 목표를 더 이상 기존 견해들을 무조건 인정하는 데 둘 수 없다. 오히려 기존 견해들로 하여금 이어지면서 항상 점점 더 계몽되는 세대들에게 자유롭게 시험에 들게 하는 데 교육의 목표가 있다.

끝으로, 완전한 교육은 종교적 견해로 확장될 것이다. 그러므로 공권력은 그의 영토에서 주장되는 오래된 종교나 새로운 종교가 있을 것이므로 그만큼 여러 가지 교육을 확립해야 할 것이다. 또 공권력은 다양한 신앙을 가진 시민들에게 그들의 자녀를 위하여 같은 신앙을 가지든지, 아니면 장려하기에 적합한 몇몇 종교 중에서 선택하는 데 만족하게 할 것이다. 사람들은 대부분 어린 시절부터 받아들인 견해들을 그런 식으로 따르고, 그 견해들을 검증할 생각은 좀체 하지 않는다는 것을 우리는 알고 있다. 따라서 만일 그 견해들이 공교육에 속한다면, 이것들은 시민의 자유로운 선택이기를 중단하고 부당한 권력으로 부과되는 하나의 족쇄가 된다. 한마디로 부모가 배타적인 종교를 도덕과 또 다른 삶의 행복에 필수적인 것 또는 유용한 것으로 여길 때, 가정 교육을 배척하는 공교육에서 부모의 양심에 상처를 입히지 않고서 종교적 교육을 인정하거나 거부하는 것은 똑같이 불가능하게 된다. 그러므로 공권력은 지식 교육을 해결하는 것에 만족하고, 그 밖의 교육은 가정에 맡겨야 한다.

ㄱ. 공권력은 종교 교육과 도덕 교육을 연결시킬 권리가
   없다

이렇게 볼 때 공권력의 작용은 자의적이거나 보편적이어서는 안 된다. 독립적 양심에 의해 선택되기 전에는 어떤 권위도 종교에 대한 특정 견해를 다른 견해보다 선호할 권리를 갖지 않으므로 종교적 견해는 공통 교육에 속할 수 없다는

것을 이미 보았다. 그러므로 이러한 종교적 견해와 엄격하게 독립된 도덕을 교육시켜야 한다.

ㄴ. 공권력은 견해들을 진실로 가르치게 할 권리가 없다

공권력은 어떤 대상에 대해서도 견해들을 진실로 가르치게 할 권리가 없다. 공권력은 어떤 신앙도 부과해서는 안 된다. 만일 어떤 견해들이 위험한 오류로 나타나 보일지라도, 그에 반대되는 견해를 가르치는 방식으로 그것을 억제하거나 예방해서는 안 된다. 법률에 의해서가 아니라 교사와 방법론의 선택에 의해 그러한 견해를 공교육에서 멀어지게 해야 하고, 특히 이러한 오류들을 피하고 그것이 불러일으킬 모든 위험을 인식할 수단들을 분별력 있게 확고히 갖춰주는 방식이어야 한다.

공권력의 의무는 언제나 공적 악덕인 오류에 맞서 진실의 모든 힘으로 대항하는 것이다. 그러나 공권력은 진실은 어디에 있고 오류는 어디에 있는지 결정할 권리를 갖고 있지 않다. 따라서 종교 집행자들의 역할은 인간들이 그들의 의무를 완수하도록 격려하는 데 있다. 그러나 이러한 의무들이 무엇인지를 전적으로 결정하려는 야망은 성직자의 가장 위험한 횡령이 될 것이다.

ㄷ. 결국 공권력은 영속적인 단체에 교육을 위임해서는 안
   된다

그러므로 공권력은 특히 저절로 충원되는 교육 단체에 교
육을 위탁하는 것을 피해야 한다. 그러한 단체의 역사는 계
몽된 인간들이 오래전부터 오류로 분류해 치워놓았던 헛된
견해들을 영속화하기 위해 취한 노력의 역사이다. 단체의 신
용을 연장시키고 단체의 경제적 부를 늘리는 데 도움이 될
만한 족쇄를 사람들의 정신에 채우기 위한 시도들의 역사이
다. 이 단체가 수도사의 단체이든 비승비속의 종교 단체이든
대학이든 단순한 동업 조합이든 위험은 같다. 그들이 제공하
는 교육은 항상 계몽의 진보가 아니라 그들의 권력을 증대
하는 것을 목표로 삼을 것이며, 진실을 가르치는 것이 아니
라 그들의 자만에 도움이 되는 견해들과 그들의 야심에 유용
한 편견의 영속화를 목표로 삼을 것이다. 다른 한편 이 법인
체들이 자신들에게 유용한 의견을 퍼트리는 거짓 사도가 아
닌 경우에라도, 그들은 거기서 세습된 관념들을 성립시킬 것
이다. 이러한 관념들을 지배한 어떤 지도자의 체계를, 어리
석게도 관념들이 공을 가로챌 어떤 유명한 동료의 체계를 영
속화하기 위해 거만한 모든 정념들이 거기에 통합될 것이다.
그리고 진실을 찾는 기술 자체에서 우리는 그 진보의 가장
위험한 적인 인정된 습관이 도입되는 것을 보게 될 것이다.

이러한 큰 오류들은 오랫동안 정신을 불모로 만들며, 국가

에게서 국가를 대신해 생각할 권리를 위임받은 듯이 보이는 몇몇 박사들의 변덕에 온 국가가 복종하게 만든다. 하지만 우리는 이러한 오류들이 반복되는 것을 계속 두려워하고 있을 수만은 없다. 그런데 세부적인 작은 편견들이 얼마나 있어야 이 단체들이 진실의 진보를 방해하거나 연기할 수 없게 되는 것일까? 끈질기게 자신들의 강압적 체계를 따르는 데 익숙한 그 단체들이, 우리를 위해 마련해놓은 새로운 족쇄를 채울 시간을 충분히 벌 수 있도록, 무게를 느낀 우리가 그것을 끊어버려야겠다는 생각을 갖게 되기 전에 새로운 족쇄를 채울 시간을 충분히 벌 수 있도록 진보를 늦출 수 있을지 누가 알겠는가? 이 교사들에 의해, 그리고 이들을 보호했을 공권력에 의해 배신당한 다른 국가가 그들의 계획을 좌절시키고 예방할 수 있을 만큼 일찍 발견할 수 있을지 누가 또 알겠는가? 교육 단체를 만들라. 그러면 당신은 압제자나 압제의 도구를 창조한 것임에 틀림없을 것이다.

ㄹ. 공권력은 오로지 한 가지 교의만을 주입하는 단체를 세울 수 없다

교육의 주제가 되기 마련인 진실들에 자신의 견해를 섞는 것은 아마도 불가능할 것이다. 수학의 진리들이 오류와 혼동될 위험이 전혀 없다면 증명과 방법의 선택은 수학의 진보에 따라, 수학의 통상적인 응용의 수와 성격에 따라 다양해

야 한다. 따라서 만일 이 분야에서, 그리고 오직 이 분야에서 만 교육의 영속성이 오류로 이어지지 않는다면 영속성은 또 한 모든 종류의 완성에 장애가 될 것이다. 자연과학에서 사실들은 불변한다. 그러나 어떤 사실들은 완전한 불변성을 제시한 후 이내 더욱 일관성 있는 검토나 더 많은 관찰을 통해 차이를 발견하게 되고 이를 통해 개진해나간다. 또 어떤 사실들은 처음에는 일반적인 것으로 여겨지지만 시간이 지나면서 혹은 더 주의 깊게 탐구되면서 예외가 밝혀져 더 이상 일반적인 것이 되지 않는다. 윤리학과 정치학에서는 사실들이 그다지 불변적이지 않다. 혹은 적어도, 모든 관찰자에게 불변적인 것으로 나타나지는 않는다. 더 많은 관심과 편견과 정열이 진실을 방해할수록 우리가 진리와 맞닥뜨리리라는 기대는 낮아진다. 그리고 우리가 진리로 여기는 견해들을 다른 사람들에게 부과하려는 더 많은 가정이 있을 것이다. 인정받은 진실과, 우리의 탐구를 피해간 진실 사이에 견해라는 것만을 채울 수 있는 거대한 공간이 존재하는 것은 특히 과학에서다. 만일 이 공간 안에서 우월한 정신의 소유자들이 자신들이 더 확고하게 걸어나가도록, 심지어 그 경계 너머로 도약할 수 있도록 도와주는 진실들을 다른 사람들을 위해 심어놓았다면, 이 같은 진실들은 여전히 견해라는 것과 혼동되며, 그 누구도 다른 사람들을 위해 이들을 구분할 권리를 갖지 못하고, '내가 당신에게 믿으라고 명하는 것, 내가 당신에

게 증명할 수 있는 것이 바로 이것이다'라고 말할 권리를 갖
지 못한다.

확실하고 일반적으로 인정된 어떤 증거에 의지하는 진실
들만이 불변인 것으로 간주해야 하는 유일한 것들이고, 우리
는 그러한 진실들이 소수에 불과하다는 것에 질겁하지 않을
수 없다. 우리가 가장 보편적으로 받아들이는 진실들, 이의
가 제기될 수 있으리라고 여기지 않는 진실들은 이러한 영광
을 흔히 우연에 의존할 뿐이고, 우연은 다수의 정신이 진실
을 향할 수 있도록 해주지 못했다. 진실을 토론에 붙이면 우
리에게는 즉각 불확실성이 생겨나고 견해의 차이로 오랫동
안 불안정하게 동요하는 것을 보게 된다.

그러나 이러한 과학들이 인간의 행복에 더 큰 영향을 미칠
때 공권력이 순간의 공통된 교의를 영원한 진실로 강요하지
않는 것이 매우 중요하다. 그때 공권력이 교육을 공권력에
도움이 되는 편견을 정당화하는 수단으로 만들지 않을까, 부
당한 권력에 맞서는 가장 견고한 장벽이 되어야 하는 교육을
권력의 도구로 만들지 않을까 두렵기 때문이다.

ㅁ. 우리가 공권력을 그것이 행사되는 세기의 계몽의 수준
   에 맞먹는 것으로 생각할 수 없는 만큼, 공권력은 교육
   의 토대에 견해를 더 적게 제공해야 한다

공권력 집행자들은 계몽의 양을 증가시키도록 예정된 정

신들이 도달한 지점에서부터 항상 다소 먼 거리에 남아 있을 것이다. 심지어 몇몇 천재적인 사람들이 권력을 행사하는 사람들 사이에 앉아 있게 될 때 공권력 집행자들은 그들의 성찰의 결과들을 실행하게 해주는 지배력을 매순간 가질 수 없게 될 것이다. 우리가 좇아 따를 수 없는 어떤 심원한 이성에 대한 이런 신뢰, 재능 있는 사람을 위한 이런 자발적 복종, 명성에 대한 이런 경의는, 위험과 혼란의 시기에 강압적이고 조심스러운 환경에 의해 강요된 일종의 복종이 아니라 오래전부터 습관적 감정이 됨으로써 자존심에 커다란 고통을 준다. 한편, 각 시기에 계몽의 진정한 경계를 표시해주는 것은, 역시 개인적 편견을 가질 수 있는 천재적인 사람의 개인적 이성이 아니라 계몽된 사람들의 공통 이성이다. 교육은 공권력이 스스로 이러한 계몽의 경계에 접근할 수 있는 것보다 더 가깝게 그것에 접근해야 한다. 교육의 목적은 한 국민에게 일반화된 지식을 영속화하는 것이 아니라, 그것을 완성하고 확장하는 것이기 때문이다.

만일 공권력이, 심지어 멀리 떨어져서라도 계몽의 진보를 따르는 대신에 편견들의 노예로 남아 있다면 어떻게 될 것인가? 예를 들어 만일 공권력이, 행동을 규제하는 정치 권력과 양심에 대해서만 행사될 수 있는 종교적 권위의 절대적 분립을 인식하는 대신, 음울한 광신으로 어둡고 위험해졌고 60년간의 격변으로 웃음거리가 된 어떤 분파의 편협한 원리를 확립하는 데 법률을 사용토록 할 정도까지 법의 존엄성을 욕되게 한다면 어떻게 될 것인가? 만일 상업 정신의 영향력에 굴복한 공권력이 보호무역주의를 통해 탐욕스러운 계획과 무지의 인습을 조장하는 법률을 채용한다면 어떻게 될 것인가? 혹은 신비주의적 교의의 몇몇 열렬한 지지자의 목소리에 순종하는 공권력이 이성의 빛보다 내면의 계시에서 비롯된 환상을 선호하도록 명령한다면 어떻게 될 것인가? 만일, 한 푼의 이익을 더 얻을 수만 있다면 사람을 팔고 사도 된다고 믿는 탐욕스런 밀매자에게 미혹당하고, 금으로 바꿀 수만 있다면 형제의 피와 눈물은 아무것도 아닌 것으로 여기는 야만적인 농장주에게 속고, 비열한 위선자에게 지배당하는 공권력이 스스로 확립된 권리들을 수치스런 모순을 통해 가장 공개적으로 위반하는 데 헌신한다면 어떻게 될 것인가? 그렇다면 공권력은 어떻게 이 사악한 격률을, 혹은 법률에 직접적으로 반대되는 원리를 가르치도록 명할 수 있겠는가? 공적 권리와 정치경제학이 입법자의 견해에 따라 바뀌어야 하는 나라에서 교육은 무엇이 될 것인가? 입법자들의 소행을 비난하는 진실들을 수립하도록 허용되지 않는 그런 나라에서 교육은 무엇이 될 것인가? 입법자들이 동시대인들을 속이거나 억압하는 데 그치지 않고 족쇄를 다음 세대에까지 연장하고, 자신들의 부패와 편견을 공유하는 영원한 수치에 그 세대들을 바치는 나라에서 교육은 무엇이 될 것인가?

ㅂ. 그러므로 공권력의 권리와 마찬가지로 공권력의 의무
도 교육의 목적을 정하고 그것이 잘 완수되리라고 믿
는 것에 한정된다

그러므로 공권력은 각 교육의 목적과 범위를 정한 후에는
각 시대마다 교사의 선택과 책이나 방법론의 선택이 계몽된
인간의 이성과 일치하리라는 것을 믿고, 그 밖의 것은 그들
의 영향력에 맡겨야 한다.

ㅅ. 각 국민의 헌정체제는 단지 하나의 사실로서만 교육에
속해야 한다

우리는 각 나라의 헌정체제에 대한 교육이 그 나라 국민
교육의 한 부분이 되어야 한다고 말했다. 만일 우리가 하나
의 사실에 대해 말하듯이 헌정체제에 대해 말한다면, 헌정체
제를 설명하고 발전시키는 데 그친다면, 그리고 헌정체제를
가르치면서 '국가에 의해 성립되어 모든 시민이 따라야 하
는 것인 헌정체제란 이러한 것이다'라고 말하는 데 그친다
면 이것은 진실이다. 그러나 만일 우리가 헌정체제를 보편적
이성의 원리들에 부합하는 하나의 교의처럼 가르쳐야 한다
고 이해한다면, 또는 우리를 위해 시민들에게 그것을 판단할
수 없게 하는 맹목적 열광을 불러일으켜야 한다고 이해한다
면, 우리가 시민들에게 '당신이 숭배하고 믿어야 하는 것은
바로 이것'이라고 말한다면, 우리가 만들어내고자 하는 것은

일종의 정치적 종교이다. 그때 우리가 정신에 마련해주는 것은 예속의 쇠사슬이다. 그리고 우리는 헌정체제를 소중히 여기는 것을 배운다는 구실하에 우리의 가장 신성한 권리 가운데 자유를 침해한다. 교육의 목표는 인간들에게 기성의 입법을 찬미하게 하는 것이 아니라, 그것을 평가하고 교정할 수 있게 해주는 것이다. 그것은 각 세대를 앞 세대의 의지에 복종케 하듯이 앞 세대의 견해에 복종케 하는 것이 아니라, 사람들을 더 계몽시켜 각자가 점점 더 고유한 이성에 다스려질 만한 존재가 되도록 해주는 것이다.

한 나라의 헌정체제는 상식이나 정의에 절대적으로 반하는 법률, 혼란스러운 때에 입법자들에게서 벗어난 법률, 한 연설가나 당파의 영향과 민중의 격앙된 충동에 의해 입법자들에게서 벗어난 법률, 결국 어떤 것들은 부패에 의해, 또 어떤 것들은 국지적이고 일시적인 유용성의 거짓된 의도에 의해 고취된 법률을 포함하고 있다. 이런 법률을 제공하면서 그것을 만든 사람들은 그것이 어떤 점에서 이성의 원리를 거스르는지 느끼지 못하고, 이 원리들을 포기하려 하는 것이 아니라 단지 한동안 그 적용을 중지시키려 하는 데 그치는 일이 생기게 되는 경우가 종종 발생할 것이다. 그러므로 기존 법률을 우리가 복종해야 하는 공권력의 실제 의지가 아닌 다른 것으로 가르친다면 그것은 부조리한 일이 될 것이다. 그렇지 않으면 심지어 모순적인 원리들을 진실된 것처럼 가르치게 하는 우스꽝스러움에 빠질 것이다.

○. 이러한 성찰이 인간들에게 예정된 교육에까지 확장되어야 한다

초년기에 배정된 교육에 대해 이야기한 것은 그 밖의 삶의 교육에도 똑같이 적용된다. 교육은 이런저런 견해를 선전하거나 어떤 의도에 유용한 원리를 정신 속에 주입하려는 목표를 지녀서는 안 된다. 오히려 사람들이 알아야 할 필요가 있는 사실들을 가르치고, 그들 앞에서 그들의 권리나 행복과 관련된 논의를 벌이고, 그들 스스로 결정할 수 있도록 그들에게 필요한 도움을 제공하는 것을 목표로 삼아야 한다.

공권력을 행사하는 이들은 시민들을 법률에 복종시키는데, 시민들에게 이러한 법률의 동기들에 대해 실상을 밝혀주어야 한다. 따라서 법률에 대한 이러한 설명과, 진정한 권력을 담고 있는 법률, 제정자가 곧 해석자인 법률에 대한 경의라 할 수 있는, 동기나 의도에 대한 이러한 진술을 금하지 않도록 주의해야 한다. 그러나 법률을 이해하고 집행하는 데 필요한 설명을 넘어 입법자의 이름으로 제시되는 머리말이나 해설은 지식 교육이라기보다는 입법자들이 그들에게 권력을 준 인민에게 보내는 보고서로 간주해야 한다. 특히 공교육과 관련된 그들의 의무를 수행하는 데 그런 설명만으로 충분하다고 생각하지 않도록 주의해야 한다. 입법자들은 단지 그들의 개인적 견해에 대립하는 진실들로 시민들을 이끌 수 있는 계몽에 장애물이 되지 않는 것에 만족해서는 안 된다. 입법자 자신이 이러한 계몽을 준비하는 데 관대해야 한다. 아니, 공정해야 한다.

우리는 자의적인 정부가 기존 권력에 맹목적으로 복종하도록 이끌고, 교사들이 시민들에게 고취시키기를 바라는 견해 가운데서 추인하기에 적절하지 않은 것은 결코 받아들이지 않도록 인쇄물과 연설 같은 것을 감시하는 것을 염려한다. 반면에 한 자유 헌정체제에서는 권력은 시민들에 의해 선택되고 자주 갱신되는 사람들의 수중에 있으나, 거기서 이 권력은 일반 의지와 여론과 혼동되어 보이므로, 시민들의 행동에 대한 지배권을 행사해야 하는 법의 정신에 더 이상의 규칙을 제공해서는 안 된다. 그렇지 않으면 권력은 스스로 예속되어, 한번 고착화된 오류들에 여러 세기 동안 복종하게 될 것이다. 그러므로 영국의 사례는 다른 인민들에게 하나의 교훈이 된다. 영국에서는 헌정체제나 감히 국가 번영의 원천으로 간주되는 어떤 법률에 대한 맹목적인 존중, 부와 권력을 지닌 계급들의 이익으로 할당된 몇몇 격률에 대한 비굴한 숭배가 교육에 속하고, 그것이 부와 권력을 열망하는 사람들을 위해 유지되며, 헌정체제와 법률의 완성을 향한 모든 진보를 거의 불가능하게 만드는 일종의 정치 종교가 된다.

이런 견해는 이른바 철학자들의 견해와는 매우 상반되는

것이다. 철학자들은 인민에게 진실 자체가 편견일 뿐이기를 바라며, 시간이 흘러도 파괴되지 않는 이미지들로 인간에게 강한 인상을 주기 위해 초기 순간들을 독점하고, 어떤 맹목적인 감정으로 그를 법률에, 헌정체제에 얽어매고, 그리고 상상력의 현혹과 정열의 혼돈 가운데서만 그를 이성으로 인도하려 한다. 그러나 나는, 그들이 생각하는 것이 항상 진실이라고, 혹은 진실이 될 것이라고 어떻게 그렇게 자신할 수 있는지 그들에게 묻는다. 또한 묻는다. 도대체 누가 그들에게 진실이 어디에 있는지 판단할 권리를 주었는가? 확실성만이 어떤 견해를 다른 사람의 정신에 규칙으로 제공하는 것을 허용할 수 있는데, 도대체 그들은 어떤 특권으로 그러한 확실성을 누리는 것인가? 모든 종파의 광신자들이 자신들의 종교적 망상에 확신을 갖는다면, 그들은 정치적 진실들에 그 이상의 확신을 갖고 있는 것인가? 그러나 권리는 같고 동기는 유사해서, 인간을 계몽시키는 대신에 현혹하고, 진리를 핑계로 그들을 유혹하고, 그들에게 진리를 편견으로 제공하는 등의 일을 용인하는 것은 종교적 열광의 모든 어리석음과 개종 권유의 모든 술책에 권한을 주는 것이며, 정당성을 확립해주는 것이다.

ㅈ. 교육은 여성에게나 남성에게나 같은 것이어야 한다

우리는 공교육이 지식 교육에 한정되어야 한다는 것을 증명했다. 그리고 그 교육에 다양한 등급을 설정해야 한다고 밝혔다. 그러므로 교육이 여성에게나 남성에게나 동일하게 적용되지 않을 이유는 없다. 결국, 모든 교육은 진실을 설명하고 진실의 증거들을 전개하는 데 한정되므로 우리는 진실의 선택이나 진실을 증명하는 방식에서 성별로 인해 어떤 차이가 발생하는지 알지 못한다. 여성들이 어떤 공적 기능에도 부름 받지 않는다고 해서 공통 교육, 즉 권리를 누리고 의무를 수행하기 위해 알아야 할 것을 인류 개개인에게 가르치는 것을 목표로 하는 교육의 전 과정이 그들에게 필요 이상으로 폭넓은 것으로 간주된다면, 우리는 그들이 초보 등급들만을 이수하도록 제한할 수 있다. 그러나 더욱 탁월한 소질을 가지고 있는 여성, 그 소질을 더욱 계발하도록 가족의 지지를 받는 여성에게는 나머지 등급을 금지하지 말아야 한다. 만일 남성만이 가질 수 있는 직업이 있다면 그 직업에 요구되는 특수 교육에는 여성들이 받아들여지지 않을 것이다. 그러나 남녀가 함께 경쟁하는 직업을 교육시키면서 여성들을 배제하는 것은 사리에 어긋나는 일이다.

ㅊ. 과학과 관련된 교육에서 여성을 배제해서는 안 된다. 여성은 관찰자의 역할을 하거나 초급용 교과서를 만들거나 하는 식으로 과학의 진보에 유익함을 줄 수 있기 때문이다
과학 분야라고 해서 무슨 이유로 여성에게 금지되겠는가?

여성이 발견을 통해 과학의 진보에 기여할 수 없을지는 모르나(게다가 이것은 오랜 심사숙고와 특별한 지적 능력을 요하는 가장 높은 단계의 발견에 대해서만 진실일 수 있다), 금전적 수입을 가져오는 직업에 전적으로 종사할 수도 없고 그렇다고 온전히 가사 노동만 할 수도 없는 여성은 치밀할 정도의 정확성, 대단한 인내력, 정주적이고 규칙적인 삶을 요구하는 그런 관찰에 몰두하게 되는데, 어째서 이들의 발견이 계몽의 증대에 유용하게 작용하지 않겠는가? 아마도 여성들은 초급용 교과서를 조리 있게 구성하고 명확하게 만드는 데 남성보다 더 적합하고, 친절한 유연성 덕분에 어린이의 눈높이에 맞추는 일을 더 잘할 것이다. 그녀들은 아이들이 아주 어렸을 때부터 그들의 정신을 관찰하고, 더욱 애정 어린 관심을 가지고 그 정신의 발전을 따라가기 때문이다. 그런데 초급용 교과서는 거기 담긴 것보다 훨씬 더 많은 것을 배운 사람들에 의해서만 만들어질 수 있다. 지식의 한계 때문에 발걸음을 한 번 뗄 때마다 멈춰야 하는 수준이라면 알고 있는 것을 잘 설명할 수 없다.

6. 남성에게 주어지는 교육 역시 여성과 공유해야 한다

(1) 여성이 자녀의 교육을 보살필 수 있도록

공교육이 이름 값을 하려면 대다수의 사람들에게 확장되어야 하는데, 가정 교사 없이 공통의 교사에게서만 수업을 받는 어린이는 공교육을 이용할 수 없다. 가정 교사는 수업 외의 시간에 그들의 공부를 관리하고, 수업 받을 준비를 해 주고, 수업을 잘 이해할 수 있도록 도와주고, 결석이나 방심으로 놓칠 수 있는 것을 보충해주는 존재이기 때문이다. 그렇다면 가난한 시민의 아이들은 가족을 돌보는 데 헌신하고 집안 일에 몰두하는 존재, 그래서 이런 임무를 맡기에 딱 알맞아 보이는 존재인 어머니말고 누구에게서 이런 도움을 받을 수 있는가? 어머니에 비하면 아버지는 거의 언제나 집 밖에서 일하기 때문에 이런 임무를 맡을 수 없다. 이런 상황에서는 교육에서 인간의 권리를 유지하는 데 필요한 평등을 이루는 것은 불가능할 것이며, 평등이 없다면 우리는 국가 재산의 세입도, 정치적 조세의 산물의 한 부분도 교육에 정당하게 사용할 수 없을 것이다. 적어도 초급 공통 교육을 돌보는 일을 여성에게 맡겨 그들로 하여금 자녀들에 대한 교육을 감독할 수 있게 하지 않는 한 말이다.

(2) 여성을 교육시키지 않으면 가족의 행복에 대립되는 불평등을
   가정 안에 끌어들이게 될 것이기 때문이다

한편, 남성만을 위한 교육을 수립하다 보면 남편과 아내 사이뿐만 아니라 형제와 자매 사이, 그리고 아들과 어머니 사이에 현저한 불평등이 도입되지 않을 수 없다. 그러면 더 이상 어떤 것도 가정 풍속의 순수성과 행복에 대립되지 않을 것이 없다. 평등은 도처에 있지만, 무엇보다 지복과 평화와 덕성의 첫째 요소인 가정에 있다. 만일 어머니가 무지 때문에 자녀에게서 조롱과 멸시의 대상이 된다면 모성이 어떤 권위를 가질 수 있겠는가? 사람들은 아마 내가 이런 위험을 과장한다고 말할 것이다. 젊은이들에게 제공되는 지식은 실제로 어머니뿐 아니라 아버지도 공유할 수 없는 것들이지만, 그렇더라도 그것에서 초래되는 불리한 점에 타격을 받지는 않을 거라고 말할 것이다. 그러나 부모에 의해서, 그리고 때로는 아이들 자신에 의해서 무용한 것으로 간주되는 이러한 지식이, 대부분 어린이들에게 그들 자신의 눈에 우월해 보이는 것은 어떤 것도 제공하지 않는다는 것을 먼저 관찰해야 한다. 오늘날 어린이들을 교육하는 데 있어서 문제가 되는 것은 실질적으로 유용한 지식이다. 그것은 일반 교육과 관계가 있다. 이런 우월감의 단점은, 풍속의 점잖음과 재산의 향유에 따르는 부모의 이점으로 인해 아이들에게 싹트는 학문의 허영에서 많은 것을 끌어내지 못하는 계급 전유의 교육보

다 일반 교육에서 훨씬 더 눈에 띌 것이다. 한편, 높은 학식이 교육을 제공받는 것이 행운에 불과한, 빈민 가정의 젊은이들을 관찰할 수 있었던 사람들은 이런 염려가 얼마나 근거 있는 것인지 쉽게 느낄 것이다.

(3) 이는 남자들이 젊은 날에 습득한 지식을 보존하도록 해주는 수단이기 때문이다

만일 공교육의 혜택을 받는 남자가 아내에 대해 거의 동등한 교육을 인정한다면, 남자가 지식을 보존해주는 독서를 아내와 함께 할 수 있다면, 그의 어린 시절과 돈벌이로의 진출을 갈라놓는 간격 속에서 이 시기를 위해 그에게 마련된 교육이 어떤 자연적 성향 때문에 그가 끌리게 되는 존재에게도 낯선 것이 아니라면 훨씬 더 쉽게 교육의 이점을 보존하게 될 것이라고 나는 덧붙이겠다.

(4) 여성이 공교육에서 남성과 같은 권리를 갖기 때문이다

결국 여성은 남성과 같은 권리를 갖고 있다. 그러므로 여성은 계몽에 이를 수 있는 똑같은 용이함을 얻을 권리도 갖고 있다. 계몽이야말로 여성에게 똑같이 독립적으로, 똑같은 범위에서 이러한 권리들을 현실적으로 행사하는 수단을 제공할 수 있는 유일한 것이다.

ㄱ. 교육은 공통적으로 주어져야 하며, 여성도 교육에서 배
    제되어선 안 된다

교육은 일반적으로 같은 것이어야 하므로 가르침은 공통
된 것이어야 하며, 그리고 각 성별에서 차별 없이 선택될 수
있는 동등한 교사에게 맡겨야 한다.

ㄴ. 이탈리아에서는 여성이 이따금 성공적으로 가르치는 일
    을 담당했다

이탈리아의 가장 유명한 대학들에서는 여러 여성이 자리
를 차지한 바 있다. 그리고 영광스럽게도 더 높은 학문에서
교수직을 수행했다. 이는, 편견에 사로잡히지 않았다고 간주
되기 어렵고, 단순성이나 순수함이 넘치는 풍속을 갖지 못한
한 나라에서 최소한의 지장도, 최소한의 항의도, 심지어 어
떤 불평도 야기하지 않았다.

ㄷ. 교육의 용이성과 경제성을 위해 남녀공학을 이룰 필요성

남녀공학은 초등 교육에서는 거의 필수이다. 각 촌락에서
학교를 두 개씩 설립하는 것은 어려운 일일 것이다. 게다가,
특히 설립 초기에 하나의 성별에서만 교사들을 선택할 경우
충분한 교사를 확보하는 것도 어려운 일일 것이다.

ㄹ. 여성은 풍속에 위험하기는커녕 유용하다

한편 남녀공학은 항상 공개적이고 교사의 감독을 받으므로 풍속을 어지럽히는 것과는 거리가 멀며, 오히려 아동기 말기나 청소년기 초기에 이루어지는 두 성별의 분리가 주요 원인으로 작용하는 다양한 타락을 예방해준다. 이 나이에는 어떤 달콤한 희망이 더 합법적인 주제들에 고정되지 않을 경우 감각이 상상력을 혼란시키며, 영구히 혼란시키는 경우도 빈번하다. 품위를 타락시키는 습관들이나 위험한 습관들은 거의 항상 욕망에 빠지는 청춘, 권태로 인해 타락하게 된 청춘, 슬프고 고독한 굴종을 동요시키는 어떤 감수성의 거짓된 즐거움에 빠지는 청춘의 오류들이다.

ㅁ. 남녀 분리는 부유한 계급에게만 현실적인 것으로, 이
　를 구현해서는 안 된다

평등하고 자유로운 헌정체제에서도 대다수의 가족에게는 남녀 분리가 실효성 없는 것이기 때문에 그것이 구현될 수 없다. 남녀 분리는 학교 밖에서는 시골 주민들에게도, 도시의 거의 부유하지 못한 시민층에게도 현실적이지 않다. 따라서 남녀공학은 이들 계급으로서는 삶의 일상적 활동에서 피할 수 없는, 남녀 비분리의 불편을 감소시켜줄 뿐이다. 그래서 일상에서와는 달리 학교에서는 남녀 비분리가 또래들의 눈에 노출되고, 교사의 주의에 맡겨지게 된다. 풍속의 순수

성에 아마도 과장된 중요성을 부여한 루소는 이런 순수성에 호의를 보여, 두 성이 함께 놀도록 하기를 원했다. 노는 것보다 더 심각한 일을 위해 남녀를 한데 섞이게 하는 것이 더 위험한 일일까?

ㅂ. 성별에 따른 분리는 주로 탐욕과 자만심에 기인한다

성별에 따른 분리에서 우리가 속지 말아야 할 것은 종교적 도덕의 엄격성, 정신들을 지배하기 위해서 교회 정책에 의해 발명된 술책이 아니다. 엄격한 성별 분리가 반드시 이런 엄격성에서 나와야 하는 것은 아니다. 거기서는 적어도 거만함과 탐욕이 그만큼의 지분을 갖고 있다. 모럴리스트들의 위선이 어떤 타산적인 경의를 바치고자 하는 대상은 이런 악덕이다. 우리로 하여금 이런 대다수의 엄격한 견해들을 갖게 하는 것은 한편으로는 불평등한 동맹에 대한 두려움이고, 다른 한편으로는 개인적 관계에 토대를 둔 관계를 확립하기를 거부하는 것에 대한 두려움이다. 따라서 이 견해들을 조장하기는커녕, 입법이 오직 자연에 따르고 오직 이성에 복종하고 오직 정의에 일치하기를 바라는 그런 나라에서 견해들이 싸우게 해야 한다. 자유 국가의 제도에서는 모든 것이 평등을 지향해야 한다. 평등 역시 인간의 한 권리이기 때문이 아니라, 질서와 평화의 유지가 평등을 강압적으로 명하기 때문이다. 정치적 평등을 수립한 헌정체제는, 불평등에 유리한 편

견들을 유지시키는 제도들과 혼합될 경우 결코 지속적이지도 않고 평화롭지도 않을 것이다.

ㅅ. 여성에게서 불평등의 정신을 간직하게 하는 것은 위험한 일이다. 그것은 남성에게서 불평등의 정신을 파괴하는 것을 방해할 것이다

만일 한 공통 교육이 한 성별의 어린이들만 평등하게 취급하는 데만 익숙해져, 다른 성별의 어린이들에게는 유사한 교육을 수립할 수 없어서 이들을 고독하고 가내적인 교육에 내맡긴다면 그 위험은 매우 클 것이다. 한 성별 안에 보존되는 불평등의 정신은 이내 두 성별 모두에게로 확대될 것이고, 중등학교에서 발견되어 학생이 성인이 되었다고 믿는 그 순간에 영원히 사라지는 평등에 대해 우리가 지금까지 보아온 것은 바로 여기서 비롯된다.

ㅇ. 초등 학교의 남녀공학은 경쟁에 유리하고, 중등학교의 경쟁과 달리 개인적 감정이 아니라 자선의 감정을 원리로 하는 경쟁을 생성시킨다

어떤 사람들은 필연적으로 아동기 너머까지 연장되는 교육이, 더 활력 넘치고 감동적인 재미에 몰두하는 존재들에 의해 지나치게 오락에 빠질까봐 걱정한다. 그러나 이런 걱정은 근거가 없다. 만일 이런 오락이 악이라면 이는 사랑하는

사람이나 가족에게 존경받을 만한 존재가 되려는 욕망에서 나온 경쟁에 의해 균형잡히게 될 것이다. 그런 경쟁이 영광이나 자부심에 대한 사랑을 원리로 하는 경쟁보다 대체로 더 유용할 것이다. 영광에 대한 전적인 사랑은 어린이의 열정도 아니고 인류에게 보편화되기에 적당한 감정도 아니기 때문이다. 평범한 사람들에게 그런 영감을 고취시키려는 것은(평범한 사람들도 그들의 계급에서 최고상을 획득할 수 있다) 그들에게 시샘을 강요하는 것이다. 이러한 경쟁은 정신의 활동을 촉진시켜 선을 만들어내기보다는, 아동에게 증오의 열정을 불러일으키고 개인적으로는 중요하나 우스꽝스러운 감정을 불어넣어 더 많은 악덕을 낳는다.

인간의 삶은 경쟁자들이 상을 놓고 다투는 투쟁이 아니라 형제들과 함께하는 여행이다. 그 여행에서 각자는 만인의 선을 위해 노력하면서 상호적 온정이라는 즐거움으로, 인정이나 존경을 받을 만한 감정에 결부된 즐거움으로 보상을 받는다. 사랑받고 싶은 욕망, 혹은 타인에 대한 우월감이 아니라 완전한 품성을 갖춘 존재로 여겨지고 싶은 욕망을 원리로 하는 경쟁 역시 매우 효력 있는 것이 될 수 있다. 그 경쟁은 습관으로 삼기에 유익한 감정들을 발전시키고 강화시키는 데 유용할 것이다. 반면, 학생으로 하여금 이미 자신을 한 위대한 인간으로 믿게 해주는, 우리의 중등학교의 이러한 월계관은 유치한 허영만을 낳는다. 불행히도 우리의 잘못된 제도가 아니라 자연 속에 그런 허영의 싹이 있다고 가정할 때 지혜로운 교육이라면 예방할 그런 허영만을 낳는 것이다. 첫째가 되고 싶어 하는 습관은 타의에 의해 그런 습관에 물들게 된 사람에게는 우스꽝스러움이나 불행이고, 운명적으로 그런 습관을 가까이 하며 살지 않을 수 없는 사람들에게는 진정 재난이다. 반대로, 존경할 가치가 있는 것을 요구하는 습관은, 행복을 가능하게 하고 덕성을 수월하게 하는 유일한 것인 내적 평화로 이끈다.

7. 결론

공권력에게서 이성을 대중화하는 교육을 얻기 위해서 평등과 자유라는 고결한 친구를 소집하라. 그러지 않으면 고귀한 노력의 모든 열매를 이내 잃게 된다는 것을 두려워하라. 더 잘 고안된 법률이 무지한 인간을 전문가에 버금가는 사람으로 만들 수 있고, 편견에 예속돼 있는 사람들을 자유롭게 만들 수 있다고 상상하지 마라. 법률이 개인적 독립의 권리와 자연적 평등의 권리를 존중할수록, 법률은 무지에 압제를 행사하고 무섭게 하는 술책이 되어 무지를 압제의 도구이자 희생자로 만든다. 만일 법률이 모든 부당한 권력을 파괴한다면 법률은 즉시 더 위험한 권력을 창조할 것이다. 예를 들어, 자유로운 헌정체제를 따르는 어느 나라의 수도에서 뻔뻔스러운 위선자 집단이 공범자와 속기 쉬운 사람들의 결사를 형성하게 되는 것을 가정해보라. 또 다른 500개의 도시에서 소규모 협회들이 그들의 견해와 의지와 운동을 초유의 쾌사로 받아들이고, 교육의 결여로 인해 두려움이라는 유령과 중상이라는 함정에 대한 방어도 없이 넘겨진 인민들에게, 압제적인 행동을 취한다고 가정해보라. 그런 결사가 자기의 깃발 아래 야심적인 범인凡人들과 불명예스러운 재능인들을 급속히 집합시킬 것이 분명하지 않은가? 그런 결사가, 악덕 외에는 어떤 다른 솜씨도 없고 공적 멸시에 의해 비참함과 치욕을 선고받은 이런 군중을 순종적인 추종자들로 갖게 될 것이 분명하지 않은가? 결국 모든 권력을 탈취하고 인민을 미혹시켜 지배하고 공적 인간들을 공포로 통치함으로써 그런 결사가 자유의 가면 아래 모든 압제 중 가장 수치스럽고 가장 광포한 압제를 행할 것이 분명하지 않은가? 그러면 인간의 권리를 존중하는 당신의 법률은 어떤 방식으로 이와 유사한 음모의 진행을 예방할 수 있겠는가? 올바른 사람의 수단들이 계몽되지 못한 인민을 인도하기에 얼마나 취약하며, 뻔뻔스러움과 속임수의 사악한 간계 주변에 한정돼 있는지 알지 못하는가? 분명 우두머리들의 허위의 가면을 벗기는 것으로 충분할 테지만, 당신은 그렇게 할 수 있는가? 진실의 힘을 기대하라. 그러나 진실은, 진실을 인정하고 진실의 고귀한 소리를 소중히 여기는 데 익숙한 정신에만 효력이 있다.

한편, 부패가 가장 현명한 법률에 스며들어 모든 원동력을 썩히는 것을 보지 못하는가? 당신은 인민에게 선거권을 마련해주었다. 그러나 중상에 앞서는 부패는 인민에게 명단을 제시하고 선택을 명령할 것이다. 당신은 편파성과 이기심을 분별력에서 벗어나게 했다. 부패는 이미 자기가 속이는 데 자신 있는 고지식함에 분별력을 맡길 줄 안다. 가장 공정한 제도들과 가장 순수한 덕성들도 부패에게는, 다루기 좀 어렵지만 더욱 확실하고 효과적인 도구에 불과하다. 그렇다면 부패의 모든 권력은 무지에 기초한 것이 아닌가? 만일 한번 형성된 인민의 이성이 우리가 인민을 속이기 위해 손에 넣은 사기꾼들에 맞서 인민을 보호해줄 수 있다면, 만일 오류가 우둔한 개종자들의 유순한 무리를 더 이상 능수능란한 간계의 목소리에 비끄러매지 않는다면, 만일 모든 진실에 대해 허위의 날개를 펼치는 편견들이 견해의 제국을 궤변론자들에게 넘겨주지 않는다면 무지는 어떻게 될 것인가? 만일 편견들이 더 이상 속기 쉬운 사람들을 발견하지 못하게 된다면 우리는 사기꾼을 매수할 것인가? 인민이 이성의 목소리와 부패의 목소리를 구분할 줄 안다면, 그들은 즉시 이성이 준비해둔 황금 사슬이 발 아래 떨어지는 것을 보게 될 것이다. 그 반대라면 인민 자신이 방황하는 손을 내밀 것이며, 그들을 꼬여 압제자에게 넘겨주는 자들에게 복종의 목소리를 바칠 것이다. 계몽을 널리 퍼뜨려야만 당신은 부패를 부끄럽도록 무능하게 만들어, 평화로운 자유의 영원한 지배를 확고히 하고 영광스럽게 할 수 있는 유일한 것인 이 공적 덕성을 탄생시킬 수 있을 것이다.

제2장

인간 정신의 진보에 관한
역사적 개요

열 번째 시대 — 미래의 인간 정신의 진보

만일 인간이 현상들에 대한 법칙을 알고 있어서 거의 전적으로 확신하고 현상들을 예견할 수 있다면, 자신이 알지 못하는 미래의 사건들을 과거의 경험에 따라 확률 높은 예견을 할 수 있다면, 역사의 결과에 따라 인류의 미래 운명에 대한 도표를 그럴듯하게 그려보는 것을 비현실적인 기획이라 할 수 있는가? 자연과학에서 믿음의 유일한 기초는, 알려졌든 알려지지 않았든 우주의 현상을 지배하는 일반 법칙이 필연적이고 항구적이라는 생각이다. 그런데 이 원칙이 자연의 다른 활동에 대해서는 유효하면서도 지적이고 도덕적인 분야에서는 진리가 되기에 미흡한 까닭은 무엇인가? 결국 과거의 경험에 따라서, 대상들이 같은 질서를 따르는 것에 의거해 형성된 의견이 가장 현명한 인간의 유일한 행위 규칙이라면, 이 같은 토대에 추론의 근거를 두는 것이 왜 철학자에게 금지되겠는가? 왜 철학자가 관찰의 수와 항상성과 정확성에서 나오는 것 이상의 탁월한 확실성을 그 추론에 부여할 수 없겠는가?

인류의 미래에 대한 우리의 기대는 세 가지 요점으로 축약된다. 여러 국가 사이의 불평등의 파괴, 한 국민 내에서의 평등의 진보, 인간의 현실적 완성이 그것이다. 모든 나라의 인민이 가장 계몽적이고 자유로우며 편견에서 해방된 프랑스인이나 영미인들처럼 문명의 상태에 접근하게 될까? 왕에 대한 국민들의 굴종이나 아프리카 원주민의 야만성이나 미개인들의 무지에서 이러한 인민들을 분리시켜주는 거대한 거리가 분명 점차 사라질까?

주민들이 결코 자유를 누리지 못하고 결코 이성을 행사할 수 없도록 자연에게서 강요받은 지역들이 지구상에 존재할까?

모든 문명화된 국가들에서 지금까지 관찰된, 계몽과 재산과 경제적 부의 차이는 각국 인민을 구성하는 다양한 계급들에도 존재한다. 최초의 사회적 진보와 더불어 증가한, 말하자면 '생산된' 이러한 불평등은 문명 자체 또는 사회예술의 불완전성에 기인하는 것일까? 능력의 자연적 차이의 결과를 감소시키면서, 그리고 종속과 모욕과 빈곤을 끌어들이지 않고도 문명과 교육과 산업의 진보를 촉진할 수 있다는 차원에서 모두의 이익에 유용한 불평등만을 존립시키는 것이 실질적 평등이라고 할 때, 이 불평등이 분명 부단히 약화되어 사회예술이 추구하는 최종 목표인 이 실질적 평등을 실현하게 될 것인가? 한마디로 사람들은 자신의 권리를 인식하고 자신의 의견과 양심에 따라 권리를 행사할 수 있는 계몽된 상태, 삶의 공통적인 사건들에서 각자 고유한 이성에 따라 행동하고 편견에서 벗어날 수 있는 계몽된 상태에 접근하게 될 것인가? 능력의 발전을 통해 자신에게 필요한 확실한 수단을 획득할 수 있는 계몽된 상태, 우둔함과 비참함은 결국 우연에 불과할 뿐이고 사회 한 부분의 습관적 상태, 아닌 그런 계몽된 상태에 접근하게 될 것인가?

결국, 과학과 예술의 새로운 발견을 통해서든, 특수한 복지와 공동의 번영을 꾀하는 방법들의 필연적 결과를 통해서든, 행위의 원리와 실천적 도덕의 진보를 통해서든, 아마도 동등하게 계속될 지적·도덕적·물리적 능력의 현실적 완성——이는 이러한 능력의 강도를 높여주고 그 사용을 제어하는 도구의 완성에 따른 것일 수도 있고, 또는 심지어 자연적 유기체의 완성에 따른 것일 수도 있다——을 통해서든 인류는 분명 개선될 것인가?

이 세 가지 질문에 답하는 과정에서 우리는 과거의 경험, 지금까지 과학과 문명이 이루어낸 진보에 대한 고찰, 인간 지성의 진보와 인간의 능력의 발전에 대한 분석 등에서 자연이 우리의 희망을 결코 종식시키지 않음을 믿을 만한 강력한 동기들을 발견하게 될 것이다.

세계의 현재 상황을 일별해보면, 먼저 유럽에서 프랑스 헌법의 원리가 이미 모든 계몽된 인간들의 원리가 되었음을 알 수 있다. 그 원리는 폭군과 성직자들도 그것이 노예들의 오두막까지 조금씩 침투하는 것을 막을 수 없을 정도로 이미 너무나 확산되었고, 공공연히 언명되고 있다. 이러한 원리들은 곧 약간의 상식을 일깨우게 될 것이다. 굴욕과 공포를 주는 익숙한 방법으로도 억압받는 자들의 영혼을 질식시킬 수 없는, 분노를 암암리에 일깨우게 될 것이다.

다양한 나라들을 돌아다니면서 우리는 이런 혁명에 대립되는 특수한 장애물들도 보고 혁명에 도움이 되는 경향들도 보게 될 것이다. 우리는, 아마도 정부가 뒤늦게 지혜를 얻은 덕분에 서서히 혁명이 이루어지고 있는 나라들, 정부의 저항에 부딪혀 더욱 과격해진 혁명이 거칠고 빠른 동요를 일으키고 있는 나라들을 식별하게 될 것이다.

유럽 국가들의 어리석은 지혜나 분열 책동이 식민지의 진보라는, 느리지만 필연적인 결과를 낳으면서도, 즉각 신세계의 독립을 가져오지는 않는다는 것을 의심할 수 있을까? 그 거대한 영토에 유럽 주민들이 급속히 증가해도, 여전히 그곳의 넓은 지역을 차지하고 있는 원주민들을 정복하지도 않은 채 문명화하거나 사라지도록 만들지는 못하리라는 것을 의심할 수 있을까?

아시아와 아프리카에서 이룩한 우리 사업의 역사를 살펴보면, 유색인과 다른 종교인들에 대한 우리의 상업 독점과 배신과 잔인한 멸시를 보게 될 것이고, 계몽의 우월성과 상업상의 우위 덕분에 우리가 처음에 불러일으켰던 존경과 자비의 감정을 파괴하는, 우리의 무례한 횡령과 우리 종교인들의 개종 권유와 음모를 목격하게 될 것이다.

그러나 우리가 그들에게 타락시키는 자나 압제자로만 보이는 것이 아니라 그들을 위한 유용한 도구나 고귀한 해방자가 될 날이 틀림없이 다가오고 있다.

거대한 아프리카 대륙에 형성된 설탕 재배 문화는, 두 세기 전부터 그곳을 어지럽히고 주민을 감소시켜온 약탈 행위를 없애게 될 것이다.

이미 영국에서는 인류의 몇몇 벗들이 그런 사례를 제공한다. 공적 이성을 존중하지 않을 수 없는 마키아벨리적인 정부가 감히 반대하지 않는다면, 천박하고 종속적인 헌정체제의 개혁 이후에 인간적이고 관대한 국가를 갖추게 될 텐데도 우리는 그와 같은 지성에서 뭔가를 기대하지 말아야 하는가? 유럽의 이익과 인류애가 똑같이 강요하는 이러한 사업들에 프랑스는 열심을 내지 않을 것인가? 식료품들이 프랑스령 섬들과 프랑스령 기아나와 몇몇 영국령에서 생산되었고, 우리는 네덜란드인들이 기만과 교활함과 범죄를 통해 유지해온 독점이 몰락하는 것을 곧 보게 될 것이다. 유럽 국가들은 독점 회사가 정부에 새로운 압제의 도구를 제공해주는 데 따르는 세금일 뿐이라는 사실을 마침내 깨닫게 될 것이다.

자유 상업에 한해 자신들의 권리에만 너무 밝아 다른 민족들의 권리는 농락해온 유럽인들은 지금까지 몹시 뻔뻔스럽게 위반해온 이러한 독립을 존중하게 될 것이다. 그들의 기업은, 지위나 특권을 이용해 파렴치한 행위와 불성실로 서둘러 재화를 모은 다음 명예와 작위를 사기 위해 유럽으로 돌아오는 정부의 피보호자들로 가득 차는 대신, 자신들의 조국에서는 자신들을 피해 달아나는 안락을 그 행복한 풍토에서 찾게 될 근면한 인간으로 들끓게 될 것이다. 자유가 거기에 그들을 붙잡아둘 것이고, 야심은 더 이상 그들을 이끌지 않을 것이다. 그리고 이런 날강도들의 조합은 아프리카와 아시아에 자유의 원칙과 모범, 유럽의 계몽과 이성을 확장시킬 시민들의 식민지가 될 것이다. 그 인민들에게 부끄러운 미신을 가져올 뿐이며 새로운 지배 권력으로 그들을 위협하고 반감을 불러일으키고 있는 성직자들의 뒤를 이어, 그들에게 그들의 행복에 유용한 진리를 퍼뜨리고 그들의 권리와 마찬가지로 그들의 이익에 대해서도 계몽시키는 데 몰두하는 사람들이 나타나는 것을 우리는 보게 될 것이다. 진리에 대한 열의 역시 하나의 열정이어서, 틀림없이 진리의 힘을 먼 나라들에까지 전달할 것이고, 그때 그 열기 주변에서는 더 이상 조잡한 편견들이 투쟁하지 않을 것이고 수치스런 오류들이 사라지게 될 것이다.

이 광대한 나라들 어떤 곳에서는 우리에게서 수단을 받아들여 문명화되기만을, 유럽인들 중에서 형제를 발견해 그들의 친구와 제자가 되기만을 기다리고 있는 듯한 수많은 인민에게 그 열기가 전달될 것이다. 또 어떤 곳에서는, 수세기 동안 해방자들을 불러온 신성한 전제 군주나 어리석은 정복자들에게 복종해온 인민들에게 그 열기가 전달될 것이다. 또 다른 데서는, 완성된 문명의 부드러움에서 동떨어진 가혹한 환경에 처해 있거나 동시에 그러한 가혹한 환경 때문에 자신들에게 진리의 기쁨을 알려주려는 사람들을 쫓아내기도 하는, 그런 거의 야만적인 미개인들에게 그 열기가 전달되기도 할 것이다. 혹은 법에서 힘밖에 볼 줄 모르고, 강탈에서 이익밖에 볼 줄 모르는 정복자 무리에게 그 열기가 전달될 것이다. 이 마지막 두 집단의 진보는 더 느리고, 더 파란만장한 과정을 거칠 것이다. 아마도 문명화된 국민에 의해 밀려나면서 소수가 된 그들은 감지할 사이도 없이 사라지거나 스스로 소멸하게 될 것이다.

우리는 이러한 일들이 어떻게 유럽의 진보가 가져온 절대 확실한 결과가 되는지, 뿐만 아니라 프랑스 공화국과 북아메리카가 함께 갖고 있는 자유와, 가장 현실적인 이득과, 아프리카와 아시아의 상업에 수확을 가져오는 권력의 절대 확실한 결과가 되는지를 보여줄 것이다. 나아가 어떻게 이러한 일들이 유럽 국가들의 새로운 지혜든 중상주의적 편견에 대한 완강한 집착에서든 연적으로 탄생할 수밖에 없는지를 보여줄 것이다.

우리는 타타르인의 또 한 번의 아시아 침입이라는 단 하나의 책략만이 이런 변혁을 방해할 수 있을 것이며, 이제 이런 배합은 불가능하다는 것을 보여줄 것이다. 그러나 모든 것이 동양 세계의 위대한 종교들의 신속한 몰락을 준비하고 있다. 이 동양 종교들은 거의 도처에서 인민에게 버림받고 그들의 궁정 대신들의 권위 실추에 관여하며, 이미 몇몇 나라에서는 권력자들의 눈에 이제 정치적 술책으로밖에 보이지 않게 되었고, 인간의 이성을 더 이상 희망 없는 노예 상태와 영구적인 유아 상태에 억류할 위험한 징조로 보지 않는다.

그들의 행진은 우리의 행진보다 더 신속하고 확실할 것이다. 그들은 우리가 찾아내야 했던 것을 그저 받아들일 것이고, 우리가 오랜 오류를 거친 후에야 얻을 수 있었던 이 단순한 진실과 확실한 방법들을 알기 위해 우리의 담론과 책에서 그것의 전개와 증거를 포착하기만 하면 될 것이다. 만일 다른 국민들이 그리스인의 진보를 놓쳤다면, 비난받아야 하는 것은 인민들 사이의 의사소통 결여, 로마인들의 폭군적 지배일 것이다. 그러나 상호적인 필요에 따라 모든 사람들, 가장 강력한 국가들이 접근해 개인들간의 평등과 사회들간의 평등을, 무지와 비참에 대한 인도주의와 약소국들의 독립에 대한 존중을 정치적 원리 차원으로 격상시킬 때, 그리고 인간 능력의 활기를 억압하는 듯한 정치적 격률들이 사라지고 그 활동과 활력에 도움이 되는 격률들이 떠오를 때도, 지상에는 아직도 계몽에 다가갈 수 없는 공간이 과연 남게 될까봐 두려워할 수 있을까? 전제주의의 거만함이 오랫동안 극복할 수 없었던 장벽들로 진실에 맞서게 될까봐 두려워할 수 있을까?

그러나 자유로운 지상의 인간이 태양보다 더 빛나는 때가 올 것이다. 태양이 인간의 이성 외에는 다른 주인을 알지 못할 때가 올 것이다. 그때 폭군과 노예, 선교사들과 그들의 우둔함이나 위선은 역사와 극장에서나 찾아볼 수 있게 될 것이다. 그때 우리는 그들의 희생자와 미련한 이들을 동정하기 위해서, 그들의 폭력 행위에 대한 혐오감을 통해 유용한 경계심을 잃지 않기 위해서, 이성의 힘 아래 미신과 압제의 최초의 싹들을——언젠가 다시 나타난다면——인식하고 짓밟아버릴 수 있기 위해서만 그런 것에 관심을 갖게 될 것이다.

사회의 역사를 살펴보면서 우리는 법률에 의해 인정된 시민의 권리와 시민들이 실제로 향유할 수 있는 권리 사이에, 그리고 정치적 제도를 통해 설정된 평등과 개인들간에 존재하는 평등 사이에 매우 큰 간격이 있다는 것을 보여줄 수 있을 것이다. 우리는 이런 차이가 고대 공화국들의 자유를 파괴하는 주요 원인들 가운데 하나였으며, 그 공화국을 뒤흔드

는 격동과 다른 나라의 압제자에게 공화국을 내주는 취약함
의 원인이었다는 사실에 주목하게 될 것이다.

이러한 차이의 주된 원인은 세 가지이다. 경제적 부의 불
평등, 생계 수단의 불평등——자신을 위해 보장된 생계 수단
이 가족에게 계승되는 경우와, 생계 수단이 자신의 생존이나
노동 가능한 삶에 좌우되는 경우 사이의 불평등——그리고
교육의 불평등이 그것이다.

그러므로, 이 세 종류의 현실적 불평등이 분명 계속해서
감소한다는 것을 보여주어야 할 것이다. 하지만 그렇다고 해
서 이 불평등이 무화되지는 않을 것이다. 이 불평등은 자연
적이고 필연적인 원인들을, 파괴 자체가 부조리하고 위험한
일이 될 원인들을, 그리고 그 결과들을 완전히 사라지게 만
드는 시도조차 불가능할 원인들을 갖고 있기 때문이다. 또한
다양한 불평등의 원천을 만들지도 않을 것이고, 인권에 더
직접적이고 치명적인 타격을 가하지도 않을 것이다.

쉽게 증명할 수 있는 사실이지만, 다음과 같은 경우에 재
산은 자연적으로 평등을 이루며, 재산의 과도한 불균형은 존
재할 수 없거나 혹은 신속하게 사라지게 한다. 우선 민법이
재산을 영속시키거나 재통합하는 작위적 수단을 확립하지
못하는 경우이다. 그리고 상업과 산업의 자유가 모든 금지법
과 획득된 부에 제공한 재정적 권리들을 사라지게 하는 경우
이다. 또한 법률 조항에 따른 수입과 그 조항에 부과된 제한

과 귀찮은 형식에 대한 종속이 빈민의 활동을 방해하지 않고 빈민의 주요한 약점들을 통째로 먹어치우는 법령을 집행하는 데 필수적인 불확실성과 지출이 있게 되는 경우이다. 나아가 공공 행정이 시민들에게 폐쇄된 풍부한 자원을 일부 사람들에게 결코 개방하지 않는다면 그렇다. 거기에다 나이든 사람들에게나 걸맞은 편견과 탐욕의 정신이 결혼기의 사람들을 주관하지 않는다면 그렇다. 끝으로 습속의 단순성과 제도의 지혜에 의해 경제적인 부가 더 이상은 허영이나 야심을 만족시키는 수단이 되지 않고, 한편으로는 축적된 허영과 야심이 계속 유지되도록 엄격하게 강요받지 않는 경우이다.

유럽 계몽 국가들에서 실제 인구와 영토의 면적을 비교해 보자. 그 국가들의 문화와 산업에서 노동과 생계 수단의 분배를 관찰해보자. 이 수단들을 같은 수준으로 보존하는 것은 불가능하다는 것을 알 수 있다. 그리고 그에 따른 필연적 결과로서, 다수의 개인들이 자신이나 가족의 생계를 거의 전적으로 그들의 생업에만 의존하기를 그치는 경우, 즉 일을 얻거나 거기서 수입을 높이자면 자본이 필요한 그런 생업에만 의존하고자 하는 경우에는, 동일한 인구를 유지하는 것도 불가능함을 알 수 있다. 그런데 이러한 자원의 보존은 모두 가장의 생명과 건강에 좌우된다. 말하자면 한 사람의 생존 기간 동안에만 유지되는 재산, 또는 우연에 더욱 좌우되는 재산인 것이다. 그 결과, 이런 인간 계층과, 이 같은 위험에 예속되지 않는 자원——그들의 생계를 유지해주는 것이 토지에 따른 수입이든, 그들의 생업과는 거의 독립적인 어떤 자본의 수익이든 말이다——을 가진 계층 사이에 매우 현실적인 차이가 생기게 된다.

따라서 우리 사회에서 가장 다수를 차지하고 가장 활동적인 계급을 부단히 위협하는, 불평등과 종속과 비참함의 필연적인 한 원인이 존재한다.

우리는 위험 그 자체에 대처함으로써 위험의 많은 부분을 없애는 것이 가능하다는 것을 보여줄 것이다. 그것은 노년에 이른 사람에게 그의 저축에서 산출된, 그러나 여러 개인——자신을 희생해, 그 열매를 거둘 때가 오기 전에 죽는——의 저축으로 증가된 구호금을 보장해줌으로써 가능하다. 또한 가장의 때 이른 죽음으로 애통해하는 가족들을 위해서든, 더 오래 가장을 보존한 가족을 위해서든, 남편이나 아버지를 잃을 때를 위해 유사한 보상 효과에 의해 아내와 아이들에게 같은 가치로 조달된 자원을 마련해줌으로써 가능하다. 끝으로, 스스로 노동하고 새로운 가족을 이룰 나이에 도달한 아이들에게 그들의 생업의 발전에 필요한 자본상의 이점을, 그리고 너무 이른 죽음에 의해 이 조건에 도달하지 못한 사람들 덕분에 증가하는 자본상의 이점을 갖춰줌으로써 가능하다. 이 수단들은 생명의 확률과 화폐의 투자에 계산을 적용한 데 힘입어 착상된 것으로서 이미 성공적으로 채용되었으나, 이것들을 정말 유용하게 해줄——단지 어떤 개인만이 아니라, 이 것들에 의해 부패와 비참함의 원천인 대다수 가족들의 주기 적 몰락에서 해방될 사회 전체 대중에게——범위의 인간들 에게 다양한 형식과 함께 채용되지는 않았다.

우리는, 사회적 권력의 이름으로 형성되어 사회의 가장 큰 자선 사업 중 하나가 될 수 있는 이런 사회적 기관들이 특수 한 연합의 결과일 수도 있다는 것을 보여줄 것이다. 이러한 특수한 연합들은 그 설정에 관여하는 원리들이 더 대중적일 때 어떤 위험도 없이 형성될 것이고, 이 연합들의 대다수를 파괴한 오류들은 연합들에게 더 이상 두려운 존재가 되지 않 을 것이다.

우리는 이러한 평등을 보장해주는 또 다른 수단들을 설명 할 것이다. 금전적인 신용만이 계속 거대 재산에 특권을 갖 지 못하도록 방해하여 거기에 덜 견고한 토대를 제공할 수도 있다. 또한 대자본가들의 존재로부터 더욱 독립적인 산업과 상업 활동의 진보를 가져올 수도 있다. 그리고 이 수단들 역 시 계산의 적용 덕택에 가능할 것이다.

우리가 도달하기를 희망할 수 있으나 또한 적합한 것이어 야 하는 교육의 평등은, 강요된 것이든 자발적인 것이든 모 든 종속을 배제하는 평등이다. 우리는 심지어 초기 몇 해만 공부에 할애할 수 있고 그 밖의 삶에서는 여가 시간 몇 시간 만을 공부에 할애할 수 있는 사람들을 위해서도, 인간의 지식의 상태에서 이런 목표에 도달하게 할 만한 용이한 수단들을 제시할 것이다. 우리는, 각자가 가내 경제를 위해, 사업의 운영을 위해, 생업과 능력의 자유로운 발전을 위해 알아야 할 모든 것을 알맞은 선택과 지식 그 자체와 교육 방법을 통해, 민중 전체에게 가르칠 수 있다는 것을 보여줄 것이다. 또한 그렇게 가르침으로써 그들이 자신의 권리를 인식해 그것을 지키고 행사하게 할 것이다. 자신의 의무를 배우게 하고, 그 의무를 잘 수행할 수 있게 하고, 자신의 고유한 빛에 따라 자신의 행동과 다른 사람들의 행동을 판단하게 하고, 인간 본성을 명예롭게 하는, 고양된 혹은 섬세한 어떤 감정에도 낯설어하지 않게 할 것이다. 나아가 일에 대한 배려와 자신의 권리 행사를 의뢰해야 하는 상대를 맹목적으로 변호하지 않게 할 것이다. 그 사람들을 선택하고 감시하는 상태에 머물게 하고, 미신적인 두려움과 비현실적인 희망으로 삶을 고통스럽게 하는 민중들의 어리석은 오류에 더 이상 속지 않게 할 것이다. 이성이라는 유일한 힘을 가지고 이러한 편견들에 맞서 자신을 방어하게 할 것이다. 그리고 그를 풍요롭게 하고 회복시키고 구제한다는 평계 아래 그의 재산, 건강, 그리고 견해와 양심의 자유에 함정이 될, 사기의 현혹을 피하게 할 것이다.

그때부터 한 나라의 주민들은 더 이상 조잡하냐 세련되냐 등의 언어 사용으로 구별되지 않고, 각자의 고유한 계몽에 따라 동등하게 통치될 수 있고, 기술과 직업의 인습적 절차에 대한 기계적 지식에 더 이상 제한되지 않으며, 사소한 일을 위해서든 낮은 수준의 교육을 얻기 위해서든, 필수적인 영향력에 의해 그들을 지배하는 노련한 인간에게 종속되지 않는다. 어떤 사람들이 다른 사람들을 통해 교육받기를 바랄 수 있지만 그들에게 조종될 필요는 없으며, 어떤 사람들이 더 계몽된 사람들에게 자신들을 통치하는 일을 맡기고 싶어할 수 있으나 맹목적 신뢰로 그들에게 자신을 내맡기도록 강요당할 수는 없다. 감정과 생각과 언어를 통해 서로 이해할 수 있는 이런 사람들 사이에 계몽이나 재능의 차이가 더 이상 장벽을 세울 수 없기 때문에 현실적 평등이 생겨나게 된다.

그러므로 이 우월성은 그것을 공유하지 않은 사람들에게까지 유리하게 작용하며, 그들에 반해서가 아니라 그들을 위해서 존재한다. 계발되지 못한 이해력을 가진 사람들 사이의 자연적인 능력 차이는 심지어 미개인들의 세계에서도 협잡꾼과 바보, 교활한 사람과 속이기 쉬운 사람을 낳는다. 이러한 차이는 한 인민 내에도 존재한다. 교육이 정말 일반화되어 있어도, 그것이 계몽의 가치에 현혹되지 않고도 그 가치를 느끼는, 계몽된 사람들과 올바른 정신을 가진 사람들 사이에서만 존재하고, 또 재능 혹은 천분과 그것을 감상하고 향유할 줄 아는 양식良識 사이에서만 존재한다면 그렇게 되는 것이다. 재능의 힘과 범위만 비교한다면 이 차이는 더욱 커질 것이고, 사람들간의 관계에서, 그들의 독립과 행복에 관련된 그 관계에서 결과들만을 비교한다면 이 차이가 더 민감해지지는 않을 것이다.

이런 다양한 평등의 원인들은 결코 고립돼 있지 않다. 원인들은 서로 통합되고, 서로 침투하고, 서로를 지탱해준다. 그리고 그들이 얽혀 이루어낸 효과는 더 강하고 더 확실하고 더 지속적인 어떤 행동을 낳는다. 만일 교육이 더 평등하다면 생업과 재산에서도 더 큰 평등을 낳을 것이다. 그리고 재산의 평등은 필연적으로 다시 교육의 평등에 기여할 것이고, 인민들 개개인을 위해 확립된 평등과 마찬가지로 여러 나라 인민들 사이의 평등 또한 서로가 서로에게 영향을 미칠 것이다.

끝으로, 잘 지도된 교육은 능력의 자연적 불평등을 강화하지 않고 교정한다. 좋은 법률이 생계 수단의 자연적 불평등을 치유하듯이 말이다. 제도들을 통해 이러한 평등이 가능해진 사회에서는 자유가, 비록 정규 헌정체제에 종속돼 있더라도 야만적 삶의 독립성보다 평등과 자유를 더 확대하고 더 전체적인 것이 되듯이 말이다. 그때 사회예술은 목적을 달성할 것이다. 곧 자연에 의해 모든 사람에게 약속되어 있는 공통의 권리 향유를 그들 모두를 위해 보장하고 확장한다는 목적을 달성하게 되는 것이다.

우리는 방금 진보에 대한 거의 확실한 기대를 피력했는데, 이러한 진보는 반드시 현실적 이점들을 낳으며, 이 이점들은 인류의 동등한 완성이라는 귀결에 이를 수밖에 없다. 권력에서부터 우리의 필수품까지 더욱 광범위한 수단들을 위해, 더 확대된 교육을 위해, 더 완전한 자유를 위해 다양한 종류의 평등이 성립됨에 따라 평등은 더욱 현실적이 되고, 정말로 인간의 행복에 관련된 모든 것을 더 끌어들이게 될 것이란 척도에서 보기 때문이다.

그러므로 우리는 오직 이 완성의 진전과 법칙을 검증함으로써 우리의 희망의 범위 또는 경계를 알 수 있을 것이다.

정신이 자연의 모든 사실들과, 이 사실들에 대한 측정과 분석에서 정확성을 얻게 해주는 최후의 수단들과, 대상들 사이의 관계들과, 관념의 모든 가능한 결합들을 철저히 고찰할 수 있다고 생각하는 사람은 없다. 크기의 비례들, 양 또는 면적이라는 이 유일한 개념의 결합들이 이미 너무나도 거대한 체계를 형성하고 있어서 인간 정신은 전체를 포착할 수 없으며, 인간 정신이 통찰하게 될 부분보다 늘 더 넓은, 이 체계의 한 부분이 항상 미지로 남게 된다. 그러나 인간은 지성의 본성이 도달하게 해주는 대상들의 한 부분밖에 인식할 수 없음에도 불구하고 이미 그가 알고 있는 대상들의 수와 복잡화가 그의 모든 힘을 흡수함으로써 새로운 진보가 현실적으로 불가능해질 그런 한계와 끝내 맞닥뜨리게 될 수밖에 없다고 우리는 생각할 수 있다.

그러나 사실들이 증가함에 따라 인간은 그 사실들을 분류하고, 더 일반적 사실들에 환원시키는 것을 배운다. 동시에 그 것들을 관찰하고 정확히 측정하는 데 쓰이는 도구와 방법들 은 어떤 새로운 정확성을 획득한다. 그러나 우리가 훨씬 많은 수의 대상들 사이에서 관계의 증가를 인식함에 따라, 그것들 을 더 확대된 관계에 환원시키고, 더 단순한 표현들 아래 가 두고, 그것을 훨씬 더 많이 포착하게 해주는 형태들에 제시하 게 된다. 심지어 동등한 지적 능력, 동등한 강도의 집중력만을 가지고서도 말이다. 정신이 더 복잡한 결합으로 고양됨에 따 라, 더 단순한 공식들이 사실들을 더욱 쉽게 해주며, 발견하 는 데 더 많은 노력이 필요하고, 깊은 성찰이 가능한 사람들 을 통해서만 먼저 이해될 수 있었던 진실은 이제 일반적인 지 성 이상은 아닌 방법들에 의해 발전되고 증명된다. 만일 새로 운 결합으로 이끄는 방법들이 고갈된다면, 아직 해결되지 않 은 의문에 그것들을 적용하는 데 지식인의 시간과 힘을 넘어 서는 작업이 요구된다면, 즉시 좀더 일반적인 방법과 단순한 수단이 재능에 새로운 장을 열어주게 될 것이다. 그렇게 되면 인간 두뇌의 활력과 실제 능력의 범위는 계속 같을 것이다. 그러나 두뇌들이 사용할 수 있는 도구들은 증가하고 완전해 질 것이다. 관념을 고정하고 결정하는 언어는 좀더 높은 정확 성과 일반성을 획득할 수 있을 것이다. 역학에서는 속도를 감 소시킴으로써만 힘을 증가시킬 수는 있는 데 반해, 새로운 진 리의 발견 속에서 재능을 이끌어주는 이러한 방법들은 작동의 속도와 힘을 똑같이 증대시킬 것이다.

결국, 이 변화 자체는 세부적 진실의 인식에 있어서 진보의 필연적 결과이며 새로운 자원의 필요를 낳는 원인은 동시에 그것을 획득하는 수단들을 낳기 때문에, 관찰과 경험과 계산이라는 과학 체계가 형성하는 진실의 실제 총량은 부단히 증가하는 결과에 이른다. 그러나 이 같은 체계의 모든 부분들은 인간의 능력에 대해 같은 힘, 같은 활동, 같은 범위를 가정하게 되면서 늘 완성되지는 못할 것이다.

이런 일반적 성찰을 다른 과학들에 적용하면서 우리는 그 각각에 대해 이 연속적인 완성의 사례들을 제시할 것이다. 이 사례들은 우리가 기대하게 마련인 완성들의 확실성에 대해 어떤 의심의 여지도 남기지 않을 것이다. 우리는 특히 편견에 의해 곧 소멸될 것으로 간주되는 과학들을 위해 더 개연성 있고 더 근접한 희망을 갖게 하는 진보를 언급할 것이다. 우리는 인간의 모든 지식에 계산의 과학을 더욱 일반적이고 철학적으로 적용하는 것이 이 지식의 전체 체계의 범위와 정확성과 통합성을 반드시 증가시키게 된다는 것을 지적할 것이다. 어떻게 각 나라에서 더욱 보편화된 교육이 더 많은 사람들에게, 그들에게 동기를 줄 수 있는 초보적 지식과 한 연구 분야에 대한 취향과 거기에 진보를 가져오는 편리함을 제공함으로써 이런 희망을 증가시키게 되는지를 우리는 지적할 것이다. 가장 계몽된 나라들에서도 고작 자연적 재능을 타고난 사람들의 50분의 1만이 그 재능을 발전시키는 데 필요한 교육을 받고 있는 상황인데, 더 일반적인 여유가 더 많은 개인들로 하여금 이러한 일에 몰두하게 해줄 경우 이러한 희망이 얼마나 증가하는지도 지적할 것이다. 그리고 발견을 통해 과학의 한계를 더 멀리 물러서게 할 운명을 지닌 인간들의 수가 이와 같은 비율로 증가하리라는 것도 지적할 것이다.

과학은 관찰을 더 많이 반복하고 더 넓은 영역에서 전개될수록 진보하는데, 우리는 교육의 평등, 여러 나라 사이에 확립될 교육의 평등이 이러한 과학의 행진을 얼마나 가속화하는지를 제시할 것이다. 광물학, 식물학, 동물학, 기상학이 기대하는 것도 바로 그런 행진이다. 끝으로, 이러한 과학들에서 우리를 유용하고 중요한 많은 진실로 인도하는 수단들의 취약함과, 그때 인간이 사용할 만한 수단들의 위대함 사이에 어떤 거대한 불균형이 존재하는지를 제시할 것이다.

우리는, 발견들이 유일한 성찰의 가치가 되는 과학들에서, 대단히 많은 인간들에 의해 계발된 이점들이, 발명가적인 두뇌가 전혀 요구되지 않으며 그 자체가 단순한 성찰로서 제시되는 이 세부적인 완성을 통해 과학의 진보에 또 얼마나 기여할 수 있는지를 드러낼 것이다.

이론에 있어 이 같은 과학에 의존하는 기술들로 넘어갈 경우 우리는 다음과 같은 사실들을 확인할 수 있을 것이다. 먼저, 이론의 진보를 따라야 하는 진보는 분명 다른 한계를 갖지 않는다는 것이다. 또한 기술의 절차들은 과학적 방법들과 마찬가지로 완성되고 단순화될 수 있다는 것이다. 그리고 기계와 수공업이 인간의 힘과 솜씨에 점점 더 추가해줄 도구들은 결과물을 얻는 데 필요한 시간과 노동을 줄여주면서 결과물의 완성도와 정확성을 동시에 높여준다는 것이다. 그렇게 되면, 우리가 예견하고 예고할 수 있게 될 사고들과, 노동이든 습관이든 풍토든 건강치 못한 상태로 인해 여전히 이 같은 진보에 맞서게 하는 장애물은 사라질 것이다.

그러면 점점 더 협소해지는 토지가 더 큰 유용성이나 더 높은 가치를 지닌 산물을 다량으로 생산하게 될 것이다. 소비량은 줄면서 획득물은 더 폭넓게 향유될 것이다. 마찬가지로 산업 생산물에서 최초 생산물은 적게 파괴할 것이고, 혹은 더 지속적으로 사용될 것이다. 사람들은 각 토양에 맞게 더 많은 수요와 관련된 산물을 선택할 수 있을 것이다. 같은 종류의 수요를 대량으로 만족시킬 수 있는 산물과, 실제로는 더 적은 소비로 더 많은 대중을 만족시키는 산물 사이에서 선택하게 되는 것이다. 따라서 다양한 생계 수단들을 재생산하고 그 생계 수단들을 준비하고 그것으로 산물을 만들어내는 기술의 진보에 뒤이어, 어떤 희생도 치르지 않고서 보존 수단과 소비를 줄이는 수단들이 나타나게 될 것이다.

그때는 토지가 더 많은 개인을 양육할 수 있을 뿐만 아니라, 고통을 덜 겪으며 차지한 그들 각자의 공간도 더 생산적인 방식으로 존재할 것이고 수요 또한 더욱 만족시킬 것이다.

인간의 능력과 필요 사이에 더 유리한 비율을 가져오는 이러한 산업과 복지의 진보에서 각 세대는, 진보를 통해서든 이전 산업 산물의 보존을 통해서든 반드시 더 광범위한 향유에, 그리고 인류의 일련의 물리적 구성의 결과로서 개인의 수적 증가에 이르게 되어 있다. 그렇다면 결국에는 똑같이 필연적인 이 법칙들이 서로 대립하게 되지 않겠는가? 인간의 수적 증가가 수단의 증가를 넘어서고, 복지와 인구의 연속적 감소가 없는 한 필연적으로 행진의 퇴보나 적어도 선과 악 사이의 일종의 동요가 생겨나게 되지 않겠는가? 이러한 귀결에 이른 사회들에서 이런 동요는 항상 일종의 주기적인 비참함을 존속케 하는 원인이 되지 않겠는가? 이 동요는 또한 인류가 오랜 세기에 걸쳐 도달하게 되나 넘어서지는 못할 귀결인, 인류의 완전 가능성perfectibilité에서 모든 개선이 불가능해지는 한계를 가리키는 것이 아니겠는가?

그러한 시대가 우리에게서 얼마나 멀리 있는지 아는 사람은 없다. 그리고 그러한 시대에 우리는 언제쯤 이르게 될 것인가? 이제 막 그 개념에 눈뜬 계몽이라는 것을 인류가 필연적으로 획득하게 되는 시기에만 실현될 어떤 사건의 미래의 현실에 찬반을 표명하는 것 역시 불가능하다. 결국, 기본 원리들을 우리의 관습에 고유한 본질로 변화시키는 기술이 언젠가 무엇으로 변신하게 될지 누가 감히 간파할 수 있겠는가?

그러나 이러한 결말이 반드시 도래한다고 가정하면, 그때 인류의 행복을 위해서든 인류의 무한한 완전 가능성을 위해서든 무서운 결과는 전혀 없을 것이다. 만약 이 시대에 앞서 이성의 진보가 과학과 예술의 진보와 나란히 진행된다고 가정한다면, 우스꽝스런 미신적 편견이, 도덕을 고결하게 고양시키는 대신 부패하고 쇠락하게 하는 엄격성을 도덕 위에 확장시키기를 중단한다고 가정한다면 인간은 그때 알게 될 것이다. 만약 아직 존재하지 않는 존재들에 대한 의무가 있다면 그것은 그들에게 존재를 주는 것이 아니라 행복을 주는 것이라는 사실을, 그리고 그 의무들은 무용하고 불행한 존재들의 땅을 책임진다는 식의 유치한 관념이 아니라, 인류의 일반 복지 혹은 자신이 살고 있는 사회와 자신이 속한 가족의 일반 복지를 목적으로 한다는 사실을 말이다. 거기에는 생계 수단의 유지가 가능한 주민의 수에는 한계가 있을 것이고, 결과적으로 한계보다 훨씬 더 많은 수의 주민은, 어떤 때 이른 파괴를 가져오지 않고도, 생명을 부여받은 존재들이 한 부분에, 사회적 본성과 번영을 실현하는 데 정반대로 작용할 수 있을 것이다.

이런 발견, 아니 형이상학과 도덕과 정치학의 최초 원리들에 대한 이런 정확한 분석은 최근에 이루어진 것이기 때문에, 그것이 수많은 세부적 진실에 대한 인식에서 나왔으며,

그로써 진실들이 최후의 한계에 도달했다는 편견이 쉽게 성립되었다. 우리는 파괴할 조잡한 오류나 수립할 근본적 진실이 더 이상 남아 있지 않기에 할 일이 없다고 가정했다.

인간의 지적, 도덕적 능력에 대한 분석은 아직 얼마나 불완전한가? 동류들의 복지와 자신이 속한 사회에 대한 자신의 행동의 영향을 가정하는 것이 자신의 의무에 대한 인식이라고 할 때, 의무에 대한 인식은 이 영향에 대한 더 확고하고 더 심원하고 더 분명한 관찰을 통해 얼마나 더 확장될 수 있는가? 인간 개개인의 권리의 범위와 사회 상태가 모두에게 부여하는 권리의 범위를 정확하게 알기 위해 풀어야 할 문제들과 관찰해야 할 사회적 관계들이 얼마나 더 남아 있는가? 이런 것들을 확인하기는 쉽다. 심지어 우리는 지금까지 얼마나 정확하게 이 권리들의 한계를 상정했던가? 다양한 사회들 사이의 권리, 각 사회를 분열시키는 혼란 속에서 사회 구성원들에 대한 사회의 권리, 그리고 자유롭고 원초적으로 구성되는 경우나 경계 구획이 필요한 경우의 개인들의 권리, 자발적 결합의 권리 등을 막론하고 말이다.

지금 이 원리들의 적용을 인도하고 사회예술에 토대가 되어주는 이론으로 나아간다면, 이러한 으뜸가는 진실이 절대적 일반성 안에서는 감지할 수 없는 어떤 정확성에 필연적으로 도달하게 됨을 알 수 있지 않을까? 우리는 정치적으로 유리한 평계의 애매하고 불확실하고 자의적인 시각이 아니라,

법률의 모든 조항에 정의되거나 증명되고 안정된 유용성의 토대가 되어주는 지점에 도달했는가? 우리는 평등과 자연권의 일반 원리가 확실히 존중받을 수 있는, 거의 무한히 많은 가능한 조합들 사이에서, 그리고 권리의 보존을 더욱 보장해주고, 권리 행사와 향유를 좀더 넓혀주고, 개인의 안식과 복지, 국민의 힘과 평화와 번영을 더욱 보장해주는 조합들 사이에서 선택 규칙을 분명히 세웠는가?

이 같은 과학에 조합과 확률의 계산을 적용하는 것은 그들의 결과에 거의 수학적인 정확성을 제공하며, 이로써 확실성이나 진실성의 정도를 가늠하는 유일한 수단이 되는 만큼, 더욱 중요한 진보를 약속한다. 이 결과들의 토대가 되는 사실들은 이따금 계산 없이 관찰만을 통해서도 충분히 일반적 진실을 도출할 수 있다. 그리고 어떤 원인을 통해 나온 결과가 유리한 것인지 불리한 것인지 알 수 있다. 그러나 만약 이런 사실들이 계산될 수도, 계량될 수도 없다면, 이 결과들이 어떤 정확한 척도를 따르지 않음으로 인해 선과 악의 척도를 알 수 없게 된다면, 그리고 그 선과 악이 다소 동등하게 서로 보완해 그 차이가 그리 크지 않다면, 그 저울이 어느 쪽으로 기울어졌는지를 정확하게 표명할 수 없을 것이다. 조합이 제시하는 유리함이 명백히 불균형하게 드러나지 않는 경우, 계산을 적용하지 않고는 같은 목적을 획득하기 위해 형성된 두 조합을 다소 확신을 가지고 선택하는 일이 불가능할 때가 많을 것이다. 결국 이런 데 의지하지 않는다면 과학들은, 덧없는 진실을 포착할 수 있을 만큼 충분히 완전한 도구들과, 풍요의 한 부분을 숨기고 있는 광산의 심부에 도달할 수 있을 만큼 충분히 확실한 기계가 결여되어 조잡하고 매우 제한적인 것으로 남을 것이다.

일부 기하학자들의 훌륭한 노력에도 불구하고 이런 적용은 아직까지는 그들의 최초 구성 요소들에 쏠려 있다. 그리고 이러한 적용은 다음 세대에, 계산 학문 그 자체처럼, 우리가 따를 수 있는 관계와 사실들의 조합의 수처럼 실로 무궁무진한 계몽의 원천을 분명 열어주게 된다.

이에 못지않게 중요한, 과학의 또 다른 진보가 있다. 불명료하고 여전히 모호한, 과학 언어의 완성이다. 그런데 심지어 최초의 구성 요소들에서도 과학들이 진정으로 대중화에서 유리해지게 되는 것은 이 언어의 완성에 의존할 때이다. 천재적 재능은 다른 장애물들과 마찬가지로 과학적 언어의 불확실성도 극복한다. 숨기거나 가장하는 낯선 가면에도 불구하고 진리를 알아본다. 그러나 만일 과학 언어들이 부정확한 하나의 언어에 의해 왜곡된다면, 교육에 적은 시간만을 할애할 수 있는 사람이 가장 단순한 이 개념들을 습득하고 보존할 수 있을까? 개념들을 적게 모으고 적게 조합할수록 그는 그 개념들이 더욱 공정하고 정확할 것을 원한다. 그는 그의 고유한 지성에서 그로 하여금 오류를 범하지 않을 수 있게 해주는 어떤 진실 체계를 발견할 수 없고, 오랜 훈련을 통해 강화되지도 세련되지도 못한 그의 정신은 불완전하고 결함 있는 언어의 불명료성과 모호성을 통해 빠져나가는 약하고 희미한 빛을 포착할 수 없을수록 더욱더 공정하고 정확할 필요가 있다.

실천적 도덕에서도 과학 자체의 진보만큼이나 현실적인 진보를 이루지 못한다면, 인간은 자신의 도덕 의식의 본성과 발전에 대해, 자신의 행동의 준거가 되는 자연적 동기들에 대해, 개인으로서든 사회의 구성원으로서든 자신의 이익에 대해 계몽될 수 없을 것이다. 어긋난 이해 관계는 공익에 반하는 행동들의 가장 빈번한 원인이 아닐까? 격한 정열은, 잘 못된 계산을 통해서만 빠져들게 되는 습관의 결과이거나, 공익의 최초의 운동에 저항하고 그것을 진정시키고 그것에서 우회하고 공익의 행동을 지도하는 수단들에 대한 무지의 소치인 경우가 많지 않은가?

자신의 고유한 행위를 성찰하고 그에 대해 자신의 이성과 양심에게 묻고 귀 기울이는 습관, 우리의 행복과 타인의 행복을 조화시키는 부드러운 감정의 습관은 사회 협약의 조건에서 더 큰 평등이라는 좋은 방향을 지향하는 도덕에 대한 연구의 필연적인 결과가 아닐까? 자유로운 인간의 것인 자신의 존엄성에 대한 의식과 우리의 도덕적으로 구성된 심화된 인식에 기초한 교육은, 엄격하고 순수한 어떤 정의에 대한 이 원리들, 활동적이고 계몽된 어떤 친절의 이 습관적 운동들, 자연에 의해 모든 마음에 파종되어, 거기서 발전하기 위해 계몽과 자유의 부드러운 영향만을 기다리고 있는 미묘하고 관대한 어떤 감수성의 습관적 운동들을 분명 거의 모든 사람에게 공통적인 것으로 만들게 되지 않을까? 수학과 물리학이 우리의 가장 단순한 생계를 위해 사용되는 기술을 완성시키는 데 쓰이는 것과 마찬가지로, 윤리학과 정치학의 진보가 우리의 감정과 행동의 방향을 결정하는 동기들에 대해 같은 작용을 하는 것 역시 자연의 필연적 질서가 아닌가?

이러한 과학의 진보의 결과인 법률과 공적 제도의 완성은 결국 각 개인의 공통 이익과 만인의 공통 이익을 서로 접근시키고 일치시키는 결과를 낳지 않는가? 사회예술의 목적은 바로 이러한 외적 모순을 파괴하는 데 있지 않은가? 그리고 이성과 자연의 약속에 가장 정확하게 순응하는 제도와 법률을 가진 나라는 덕성이 더욱 실천되기 쉽고, 덕성에게서 멀어지려는 유혹이 더욱 드물거나 취약하지 않을까?

결함 있는 습관, 성실성에 반대되는 관례는 어떤 것일까? 이러한 관례와 습관이 관찰되는 나라, 이러한 범죄가 자행되는 나라의 입법과 제도와 편견 속에 최초의 기원과 원인을 노출시키고 있는 그 범죄는 어떤 것일까?

결국, 어떤 건전한 이론에 토대를 둔 유용한 사회적 예술들에 의해 이루어지는 진보에 뒤이어 찾아오는, 혹은 정치학의 진리에 토대를 두고 있는 공정한 입법의 진보에 뒤이어 찾아오는 복지는 인간에게 인도주의와 자선과 정의를 각오하게 하지 않는가?

인간 조직의 필연적 결과인 도덕적 선은 다른 모든 능력처럼 무한한 완성이 가능한 것이며, 자연은 풀리지 않는 사슬에 의해 진실과 행복과 덕성을 결속시키고 있다는 것을 우리가 이 저작 속에서 전개하려는 이 모든 관찰들이 증명하지 않는가?

우리는 일반적 행복을 위해 가장 중요한, 인간 정신의 진보에, 남녀 두 성별 사이에 권리의 불평등이 싹트게 한 편견들을 완전히 파괴하는 것——이는 불평등 덕분에 유리한 성별에게는 해로운 일이 될 것이다——도 끼워넣어야 한다. 사람들은 남녀 신체 조직의 차이와, 지성과 도덕적 감수성에서 찾아내고 싶어 하는 차이로 이 불평등을 정당화하려고 노력하겠지만 헛된 일이다. 이러한 불평등은 힘의 남용 외에 다른 기원은 갖고 있지 않으며, 이후 사람들은 궤변으로 그것을 변호하려고 애써왔으나 헛된 일이다.

우리는 이러한 편견에 의해 권한을 부여받은 관례들과 편견이 명한 법률들을 파괴하는 것이 가족의 행복을 증대시키는 데 얼마나 기여할 수 있는지, 그리고 다른 모든 토대들 중 제일의 토대인 가정 안의 덕성을 보편화시키는 데 얼마나 기여할 수 있는지를 제시할 것이다. 또한 이러한 파괴가 교육의 진보를 촉진하는 데 얼마나 기여할 수 있는지, 그리고 특히 교육을 진정으로 일반화시키는 데 얼마나 기여할 수 있는지를 제시할 것이다. 남녀 모두에게 더 평등한 교육이 펼쳐지기 때문이든, 가정에서 어머니의 협력이 없으면 심지어 남성에게서도 평등이 일반화될 수 없기 때문이든 말이다. 마침내 형평과 건전한 양식에 표해진 너무 때늦은 이 경의는, 가장 생생하고 가장 억합하기 어려운 자연적 성향과 인간의 의무 또는 사회의 이익 사이의 너무도 위험한 어떤 대립이 사라지게 함으로써, 불의와 잔인함과 범죄의 너무도 풍부한 원천을 고갈시키게 되지 않을까? 결국 이 경의는, 지금까지 수치의 두려움이나 종교적 공포로 부과된 겉치레, 즉 거만한 궁핍이나 위선적인 외양으로 형성된 것이 아니라, 자연에 의해 자유롭게 계약되고 고쳐되고 이성에 의해 고백된 습관으로 형성된, 유순하고 순수한 국민적 풍속에 대한 공상에 불과했던 것을 정말로 초래하지 않을까?

가장 계몽된 인민들은 그들의 혈통과 경제적 부를 자신들의 재량으로 처리할 권리를 되찾는데, 이들은 점차 전쟁을 가장 해로운 재앙으로, 가장 거대한 범죄로 여기게 될 것이다. 먼저, 국민 주권의 강탈자가 이른바 세습적 권리를 확보하기 위해 이끄는 전쟁들이 사라지게 될 것이다.

인민은 자유를 상실하지 않고는 정복자가 될 수 없음을 알게 될 것이다. 영구적 연방이 그들의 독립을 유지하는 유일한 수단임을 알게 될 것이다. 추구해야 할 것은 권력이 아니라 안전임을 알게 될 것이다. 상업적 편견은 점점 사라질 것이다. 중상주의적 거짓 관심은 부유하게 한다는 핑계로 땅을 피로 물들이고 국가들을 몰락시키는 무서운 힘을 상실하게 될 것이다. 여러 나라의 인민이 결국 정치와 도덕의 원리 안에서 접근하게 될 때, 한 나라의 인민이 자신들의 이익을 위해 외국의 인민들에게 자연이나 자신들의 산업에서 나오는 재화의 더욱 균등한 분배를 호소하게 될 때, 국민적 증오를 낳고 악화시키고 영속시키는 그 모든 원인들은 점차 사라질 것이다. 증오들은 호전적 분노에 자양분도 핑계도 더 이상 제공하지 않을 것이다.

철학자들의 여가를 차지하고 그들의 영혼에 위안을 주었던 이러한 영구적인 평화의 기획보다 더 잘 결합된 제도들은 국가들 사이에 우애의 진보를 가속화할 것이다. 그리고 암살과도 같은 국민들간의 전쟁은 자연을 모욕하고 전복시키는 놀라운 잔학 행위가 될 것이다. 많은 나라와 세기에 긴 치욕을 남기는 잔학 행위가 될 것이다.

그리스와 이탈리아와 프랑스의 미술에 대해 말할 때, 우리는 현실적으로 예술의 진보에 속해 있는 것과 오직 예술가의 재능에서만 나올 수 있는 것을 미술 결과물에서 구분해내야 한다는 것을 이미 살펴보았다. 여기서 우리는 우리가 아직 기대할 수 있는 진보를 지적할 것이다. 철학과 과학의 진보든, 예술의 목적과 효과와 수단에 대한 더욱 많고 더욱 심화된 관찰이든, 진보의 영역을 축소하고 과학과 철학이 깨뜨린 권위의 멍에 아래 아직도 진보를 붙들어두고 있는 편견들의 파괴든 말이다. 우리는 사람들이 생각하듯이 이 수단들이 모두 동원되어야 하는지 검토할 것이다. 가장 숭고하거나 가장 감동적인 아름다움이 포착되고, 가장 행복한 주제들이 다루어지고, 가장 단순하고 가장 인상적인 조합이 채용되고, 가장 뚜렷하고 가장 일반적인 특성들이 묘사되고, 특징들과 가장 원기 넘치는 정열들과 그에 대한 가장 자연스럽거나 가장 진실된 표현들, 가장 위엄 있는 진실들, 가장 빛나는 이미지들이 적용되는 등, 예술은 그 수단에 있어서 풍부하다고 가정되지만 최초의 모델들을 모방하는 영구적인 단조로움을 강요받으니 말이다.

우리는 한편 이런 견해가 편견에 불과하고, 작품을 즐기는 대신에 인간을 판단하는 작가와 예술가가 지닌 나쁜 습관의 산물임을 보여줄 것이다. 또한, 만약 우리가 다른 세기들이나 여러 나라의 작품을 비교함으로써, 천부적 재능의 노력이나 성공이 불러일으키는 찬사에 의해 생겨나는 이 심도 깊은 즐거움이 사라진다 해도, 그것을 자체로 받아들인다면 현실적인 완성에 의존하는 작품이 주는 즐거움의 향유가 그만큼 생생하게 마련이고, 사람들에게 그 향유를 누리게 해준 사람이 이러한 완성에까지 이르는 것은 찬양받기에는 미흡한 일임을 보여줄 것이다. 정말로 보존할 가치가 있는 작품들이 증가하고 더 완전해짐에 따라 각 세대는 선호할 가치가 있는 것에 대해 호기심과 찬사를 바칠 것이고, 다른 것들은 무감각하게 망각으로 떨어질 것이다. 이러한 즐거움의 향유는 최초의 것들을 포착한 더 단순하고 더 놀라운 아름다움들에 기인하는 것으로, 더 근대적인 작품에서만 발견될 수 있을 때라도 새로운 후속 세대를 위해 역시 존재하게 될 것이다.

과학의 진보는 가르치는 기술의 진보를 약속하고, 가르치는 기술의 진보 자체는 이어서 과학의 진보를 더욱 가속화한다. 이 상호 영향은 부단히 활동을 갱신하는 것으로, 인류 완성의 가장 활기차고 가장 힘있는 수많은 원인 가운데 하나로 간주되어야 한다. 오늘날 학교를 졸업하는 젊은이는 수학에서 뉴턴이 깊이 연구해 배운 것이나 혹은 그가 천재성을 통해 발견한 것 이상을 안다. 또한 이 젊은이는 뉴턴 당시에는 몰랐던 편리한 계산 도구를 다룰 줄 안다. 균등하지는 않지만, 같은 관찰이 모든 과학에 적용될 수 있다. 각각의 과학의 영역이 확장됨에 따라, 더 좁은 공간에 더 많은 진실에 대한 증거들을 압축하고 그것을 이해하는 데 도와주는 수단들 역시 완전해진다. 따라서 과학의 새로운 진보에도 불구하고 비슷한 수준의 재능을 타고난 사람들이 그들 삶의 같은 시기에 당대의 과학 수준에 있게 될 뿐만 아니라, 각 세대에 있어 같은 지력과 주의를 가지고 같은 시공간에서 사람들이 배울 수 있는 것은 반드시 증가할 것이다. 그리고 모든 사람이 도달할 수 있는 각 과학의 기초 부분은 점점 더 확장되어, 공동의 삶으로 가기 위해, 이성을 완전히 독립적으로 행사하기 위해 각자가 알 필요가 있을 만한 것을 더욱 완전하게 포함할 것이다.

정치학에서 그것은, 일반적으로 인식되고 인정될 때만 특히 자유민들에게(즉, 모든 나라의 인민의 몇몇 세대에서) 유용할 수 있는 종류의 진실들이다. 따라서 과학의 진보가 국가의 자유와 번영에 미치는 영향은, 말하자면 기초 교육의 결과로 모든 사람의 정신에 공통된 것이 되는 이러한 진실들의 개수에 의거해 측정되어야 한다. 기초 교육의 꾸준한 진보는 과학의 필연적인 진보와 직접 관련되는 것으로, 진보 자체의 경계 외에 다른 경계는 없기 때문에 무한하다고 간주되는, 인류의 운명 안에서의 개선이 보장된다.

이제 우리에게는 가르치는 기술의 완성과 과학의 완성에 대해 동시에 영향을 미칠 것임에 틀림없는 두 가지 일반적 방법에 대해 말하는 일만이 남아 있다. 하나는 기교적 방법이라고 불릴 수 있는 것을 더 널리, 덜 불완전하게 사용하는 것이다. 또 하나는 보편 언어를 제정하는 것이다.

내가 기교적 방법이라 말하는 것은, 체계적 배치 아래 여러 대상들을 규합하는 기술을 말한다. 그 기술은 대상들의 관계를 일별하게 해주고, 대상들의 조합을 신속하게 포착하게 해주고, 대상의 새로운 조합을 더 손쉽게 형성하게 해준다.

우리는 원리들을 발전시킬 것이고, 이 기술의 유용성을 깨닫게 할 것이다. 이 기술은 아직 미미한 상태에 있다. 그러나 완성되기만 하면, 매우 해박한 책에서 그만큼 잘, 그만큼 신속하게 이해시키기 어려울 만한 것을 하나의 도표라는 작은 공간에 모을 수 있다는 이점을 제공할 수도 있고, 고립된 사실들을 일반적 결과들을 도출해내기에 가장 좋은 배치 안에 제시하는 데 더욱더 귀중한 수단을 제공할 수도 있다. 우리는 사용법도 쉬운 소수의 도표들 덕택에, 충분히 가장 기초적인 교육 이상으로 올라가 공동의 삶에 유용한 세부 지식들을 자기 것으로 만들 수 없는 사람들이 그 지식의 필요성을 느낄 때 어떻게 마음껏 그 지식을 발견할 수 있게 되는지 설명할 것이다. 끝으로, 진실의 체계적 질서나 관찰이나 사실들의 결과에 근거해 이루어지는, 모든 종류의 기초 교육에서 어떻게 이런 방법을 쉽게 사용할 수 있는지 설명할 것이다.

보편 언어는, 실제 대상이든 단순하고 일반적인 관념으로 구성되어 동일하거나 모든 사람의 이해력 안에서 동등하게 형성될 수 있는 잘 선택된 집합이든, 또는 인간 정신의 작용들, 각 과학에 적당한 작용들, 예술의 과정들 같은 이러한 관념들 사이의 일반적인 관계이든, 이러한 것들을 모두 기호로 표시하는 언어이다. 그 기호들과 기호들을 결합하는 방법과 기호들의 형성 규칙을 아는 사람들은, 그 언어로 씌어진 것을 이해할 것이고, 그들 나라의 공용어와 마찬가지로 편리하게 그 언어를 구사할 것이다.

이러한 언어는 과학의 이론이나 기술의 규칙을 설명하기 위해, 새로운 경험이나 관찰을 설명하기 위해, 작업 방법의 창안, 진리나 연구 방법의 발견을 설명하기 위해 사용될 것으로 보인다. 또한 이러한 언어에서는 대수학처럼, 새로운 기호를 사용해야만 할 때 이미 알려진 기호들이 그 가치를 설명할 수단들을 제공할 것으로 보인다.

그러한 언어는 공용어와는 다른 과학적 관용어라는 데서 기인하는 불편함을 지니지 않는다. 우리는 이 관용어 사용이 사회를 불평등한 두 계급으로 필연적으로 분할하리라는 것을 이미 관찰했다. 한 계급은 이 언어를 앎으로써 모든 과학의 열쇠를 갖게 될 사람들이고, 다른 한 계급은 이 언어를 이해할 수 없어서 계몽이 거의 불가능한 상태에 있는 인간들이다. 반대로 여기서 보면 언어는 대수학과 같은 과학 그 자체와 더불어 계몽될 수 있으며, 사람들은 그 기호를 그것이 지시하는 대상, 관념, 작용과 동시에 인식할 것이다. 어떤 과학의 요소들을 배워 더 빨리 그 과학에 통달하려는 사람은, 책에서 자신이 이해할 수 있는——이미 그 가치를 알고 있는 기호들의 도움으로——진실들만을 발견하는 것이 아니라, 또 다른 진실들로 나아가는 데 필요한 새로운 기호들에 대한 설명도 발견할 것이다.

우리는 만약 그러한 언어가 어떤 과학 체계나 어떤 기술 실행 체계를 형성하는 명제들처럼 단순하고 명확한 명제들을 표현하는 데 그친다면 그 언어의 형성이 그저 비현실적인 관념에 불과하다는 것을 보여줄 것이다. 많은 대상들에서 그 언어를 이와 같이 실행하는 것은 너무 쉬운 일이리라는 것을 보여줄 것이다. 그리고 그 언어가 다른 대상들로 확산되어가는 것을 방해하는 가장 현실적인 난관은, 우리가 명확한 관념과 정신들 사이에서 잘 규정되고 확고하게 결정된 개념들을 얼마나 조금밖에 갖고 있지 않은지를, 조금은 부끄럽지만 인정해야만 한다는 것이다.

우리는 어떻게 그 언어가 부단히 완성되고 매일 더 넓은 범위를 획득해가면서, 인간의 지성이 포함하는 모든 대상들에 엄격성과, 진실을 쉽게 인식하게 하고 오류를 거의 불가능하게 만들어줄 정확성을 가져오는 데 사용되는지 지적할 것이다. 그때 각 분야의 과학의 행보는 수학과 같은 확실성을 지니게 될 것이고, 그 체계를 형성하는 명제들, 모든 기하학적 확실성, 즉 각 분야의 과학의 목적과 방법의 본성이 허락하는 모든 확실성을 지니게 될 것이다. 이는 모두에게 각 분야의 과학의 목적과 방법의 본성을 파악하도록 한다.

인류의 완성에 관여하는 이 모든 원인들, 인류의 완성을 보장하는 이 모든 수단들은 분명, 그들의 본성으로 항상 능동적인 활동을 행사하고 항상 확장되는 범위를 획득한다.

우리는 이 저작에서 그들의 발전을 통해 더 큰 힘을 얻게 되는 증거들을 설명했다. 그것만으로도 우리는 이미 인간의 완전 가능성은 무한하다는 결론을 내릴 수 있을 것이다. 그러나 지금까지 우리는 인간이 단지 그 같은 자연적 능력과 유기체 조직을 가지고 있다고 가정했을 뿐이다. 만일, 인간의 자연적 능력 그 자체와 유기체 역시 개선될 수 있다는 것을 믿을 수 있다면 그들의 희망의 확실성과 범위는 얼마나 크겠는가! 우리가 검토할 마지막 문제가 이것이다.

동식물에서 종種들의 기관의 완전 가능성이나 퇴화는 아마 자연의 일반 법칙의 하나로 간주될 수 있을 것이다.

이 법칙은 인류에게도 확장된다. 전통 의학의 진보, 건강에 더 좋은 영양분과 더욱 청결한 주거, 즉 무절제에 의해 진보를 파괴함 없이 실천에 의해 힘을 전개하는 삶의 방식, 궁극적으로 붕괴의 가장 역동적인 두 원인인 빈곤과 과도한 부유함의 파괴가 인간에게 분명 공동의 삶의 지속을 연장시키고, 그들에게 더욱 확고한 건강과 더욱 굳건한 신체를 보장해줄 것을 아무도 의심하지 않을 것이다. 전통 의학은 이성과 사회 질서의 진보에 의해 더욱 효과적으로 진보하는 것으로, 유전적 질병이나 전염되는 질병, 기후와 영양과 노동의 성격에 기인한 일반 질병들을 분명 오랫동안 사라지게 하는 듯하다. 이런 희망이, 항상 먼 원인들을 파악할 수 있을 것 같은 거의 모든 다른 질병들에까지 분명 확대된다는 것을 증명하는 것은 어려운 일이 아니다. 이러한 인류의 완성이 무한한 진보의 가능성으로 여겨지고, 죽음이 특별한 사고나 생명력의 완만한 파괴의 결과 이상이 아니라고 받아들여질 시대가 분명 도래하며, 그리고 결국 탄생과 파괴의 과도기의 지속 그 자체는 설정 가능한 어떤 한계도 갖지 않는다고 이 시점에서 가정하는 것은 부조리한 일일까? 분명 인간은 불사의 존재가 될 수는 없을 것이다. 그러나 삶을 시작하는 순간과, 자연적으로 질병과 사고 없이 존재하기가 어렵다는 것을 공통으로 느끼게 되는 시기 사이의 거리가 부단히 넓어질 수는 없을까? 여기서 수치나 몇 줄의 글로 명료하게 표현될 수 있는 어떤 진보에 대해 이야기하고 있는 만큼 '무한'이라는 말에 담긴 두 가지 의미를 발전시켜볼 만하다.

결국 부단히 늘어나게 될 인간의 평균 수명은 미래로 나아갈수록 연장될 수 있다. 도달할 수 없는 무제한의 범위에 지속적으로 접근한다는 그런 법칙에 따라서, 또는 이러한 수명이, 한계가 설정되었을 어떤 정해진 양보다 더 큰 범위를 막대한 세기에 걸쳐 획득할 수 있다는 그런 법칙에 따라서 가능하다. 후자의 경우 그런 증가는 가장 절대적인 의미에서 현실적으로 무한하다. 정지해야 하는 한계가 존재하지 않기 때문이다.

전자의 경우가 우리가 말하는 것에 더 가깝다. 우리가 이 한계——증가가 결코 도달할 수 없으나 항상 거기에 접근함에 틀림없는——를 고정시킬 수 없다 할지라도, 특히 증가는 결코 멈추지 않을 것이라는 것을 아는 우리가 심지어 이 두 가지 의미 중 어떤 의미에서 무한이라는 말을 적용해야 하는지, 인류의 완전 가능성에 대한 우리의 현재 인식에 대한 말인지, 우리로 하여금 그것을 무한이라고 부를 수 있게 해주는 뜻인지 모른다 할지라도 말이다.

그러므로 여기서 고찰하는 예에서 우리는, 물리적 진화가 거스르지 않는 한 인간의 평균 수명이 끊임없이 늘어난다는 것을 믿지 않을 수 없다. 그런데 우리는 수명이 결코 넘어서지 못하는 한계가 어떤 것인지도 모른다. 심지어, 그 한계에 대한 자연의 일반 법칙이 수명이 확대될 수 없는 저승이라는 곳을 규정한 것인지 아닌지도 모른다.

그러나 물리적 능력, 힘, 교묘한 재주와 감각의 예민함은 개인적 완성을 전해주는 다수의 성질에 속하는 것이 아닐까? 다양한 가축에 대한 관찰이 우리에게 그런 믿음을 준다. 우리는 인류에 대한 직접적인 관찰을 통해 가축들을 길들일 수 있을 것이다.

결국 이러한 희망이 지적, 도덕적 능력에까지 확장될 수 있을까? 우리에게 인체 구조상의 이점이나 결함을 물려주는 부모, 외모상의 특징과 신체적 체질을 물려주는 부모가 지성, 지력, 영혼의 활력, 도덕적 감수성과 관련된 신체 조직 역시 우리에게 물려줄 수는 없는 것일까? 교육이 이런 자질들을 완성함으로써 이러한 유기체에 영향을 미쳐 이들을 수정하고 완성시킨다는 것은 그럴듯하지 않은가? 인간 능력의 발전과 관련되는 몇몇 사실에 대한 유비와 분석은, 우리 희망의 범위를 더욱 넓혀줄 이런 추측의 현실을 증명해주는 듯하다.

이 마지막 시대를 끝내면서 검토해야 할 문제는 이것이다. 진보의 적국敵國에서 해방되듯이 우연의 제국에서 벗어나고, 모든 족쇄로부터 해방되며, 진실과 덕성과 행복의 길에서 확고부동한 발걸음으로 걷는 인류에 대한 이러한 도표가 철학자에게는 얼마나 좋은 구경거리가 되는가? 그리하여 여전히 대지를 더럽히고 자주 그를 희생물로 만드는 오류와 범죄와 불의로부터 얼마나 그를 위로해주는가? 그가 이성의 진보와 자유의 방어를 위한 노력의 대가를 받는 것은 바로 이 도표에 대한 성찰을 통해서다. 그래서 그는 감히 인류 운명의 영원한 사슬에 진보를 연결한다. 바로 거기서 그는 덕성에 대한 진정한 보답과 선을 지속 가능한 것으로 만드는 기쁨을, 더 이상 어떤 숙명도 편견과 예속을 다시 불러와 어떤 해로운 보상으로 이것들을 파괴하지는 못할 것임을 발견한다. 이런 성찰은 그에게는 하나의 피신처이다. 그곳에서는 그의 박해자들에 대한 기억이 그를 따라올 수 없다. 그곳에서 그는 본성의 존엄성과 권리들을 복권한 인간에 대한 생각을 갖고 살며, 탐욕, 두려움, 시샘이 순환하고 부패한다는 생각을 잊는다. 그곳은 바로 그가 그의 이성이 스스로 창조해 낸 어떤 낙원에서 동류들과 더불어 진정으로 존재하며, 인간에 대한 그의 사랑이 더욱 순수한 향유를 아름답게 하는 곳이다.

마르퀴 드 콩도르세 : 정치, 역사의 진보

1. 마르퀴 드 콩도르세의 생애와 활동

파리 북동부 피카르디의 리브몽 쉬르 엔에서 기병 대위의 아들로 태어난 마르퀴 드 콩도르세Marie-Jean-Antoine-Nicolas de Caritat, marquis de Condorcet는 소년기에 랭스의 예수회 학교에서 공부하다 1758년부터 파리 대학 부설 나바르 콜레주에서 교육을 받았고, 1759~1760년에 이미 수학자로서 두각을 나타냈다. 그는 1761년에 왕립과학학술원에 적분 계산에 관한 논문을 제출했으나 거부당했으며, 두 번째 논문이 그에게 '눈 덮인 화산'이란 별명을 붙여준 달랑베르와 퐁텐Fontaine의 인정을 받아 1769년 그곳에 입회했다. 이후 그는 베를린, 볼로냐, 투린, 상트페테르부르크, 필라델피아 학술원의 회원이 되었다. 동시에 레스피나스 양과 엘베시우스 부인의 살롱에 출입하며 당대의 유명한 계몽사상가 디드로Denis Diderot 와 엘베시우스Claude-Adrien Helvétius 등과 교유했으며,《백과

전서*Encyclopédie*》의 보완에 협력하며 콩디야크Étienne Bonnot de Condillac와 교분을 나누었다.[1] 그리고 1773년에는 퐁트넬 Bernard Le Bovier de Fontenelle 이후 처음으로 왕립과학학술원 의 종신 사무국장으로 임명되어 1791년까지 역임했다. 이때 그는 사회적 편견과 투쟁하고 프로테스탄트를 변호하는 모습을 보였다. 다음해인 1774년은 그의 생애에서 중요한 계기가 되는데, 정치적 스승이자 친구인 튀르고Anne-Robert-Jacques Turgot가 재무총감으로 취임해 그를 조폐국장으로 발탁했다. 그는 1790년까지 조폐국장으로 있으면서 반反콜베르주의 입장의 〈피카르디의 자영농이 네케르 씨에게 보내는 편지Lettre d'un laboureur de Picardie à Monsieur Necker〉(1775)와 〈소맥 거래론Réflexions sur le commerce des Blés〉(1776) 등 경제 정책 논문을 썼다. 그리고 사회 경제 연구에서 계량화 및 통계적 방법을 선구적으로 채용하며 수학적 사회과학인 '사회수학'을 모색했다. 사회수학은 인간으로 하여금 본능과 열정에서 벗어나 공통 이성에 근거한 이성의 제국을 건설하도록 하는 데 목적이 있었다. 그 결과, 실천적 지식인으로서 그가 추구한 도덕적 질서는 정치적 질서의 전망과 맞물리게 되었다.

과학학술원 사무국장 콩도르세의 의무 가운데 하나는 사망한 종신 회원들에 대한 헌사를 작성하는 것이었다. 그렇게 업무를 수행하면서도 그는 파스칼의《팡세*Pensées*》를 편집했고 볼테르 전집도 발간했다. 그리고 1782년에는 볼테르, 달랑베르, 라 아르프Frédéric-César de La Harpe 등을 잇는 제2세대 계몽사상가로서 프랑스학술원 회원이 되었지만 여기에 큰 애착은 없었던 듯하다.

계몽사상가 콩도르세는 프랑스 대혁명이 일어나기 10여 년 전부터 줄기차게 구체제를 복합적으로 비판하고 전면적 개혁을 요구했다. 혁명이 도래하자 언론인이자 정치가였던 그는 1791년에는 입법의회 의원, 1792년에는 국민공회 의원으로 혁명의 일선에 나섰고, 위원회의 의장으로 선출되기도 했다. 그리고 성공하지 못한 2대 입법안, 즉 '공교육에 관한 기획안'(1792)과 '신헌법 기획안'(1793)을 제안했다. 그러나 이 입법안들은 지원자가 돼줄 것으로 기대되었던 지롱드파 한테서 소홀히 취급당했고, 로베스피에르Maximilien-François-Morie-lsadore de Robespierre와 마라Jean-Paul Marat를 비롯한 자코뱅 산악파 지도자에게서 지롱드파의 지도자이며 공화국의 적이자 음모자로 몰아 세우게 하는 계기가 되었다. 결국 그는 1793년 10월 도주의 길을 택했으나, 파리 시내에서 5개월 동안 은신의 시기를 거친 뒤 체포당했다. 체포된 이튿날인 1794년 3월 29일, 부르 라 렌느 감옥에서 소지하고 있던 아편으로 죽음을 맞았다.

테르미도르의 반동 이후 1795년, 총재정부는 혁명 정치의 참담한 실패자였던 콩도르세를 즉각 복권시켰고, 은신 중에 씌어진 그의 저서《인간 정신의 진보에 관한 역사적 개요》(1793~1794)[2] 3,000권을 배포해 그를 혁명과 공화정의 옹호자로 추앙받게 했다. 19세기 초, 생 시몽Claude-Henri de Rouvroy, comte de Saint-Simon과 콩트Auguste Comte는 콩도르세의 비판적 상속자로 자처함으로써 실증주의자로 윤색되어 평가받을 계기를 마련하기도 했다. 심지어 제3공화정기(1871~1940)에는 콩도르세가 자유주의 공화정의 이념적 지주로 존경받기까지 했다. 그러나 20세기 초 혁명사가 마티에즈A. Mathiez의 부정적 평가[3] 이후 콩도르세의 혁명 정치가로서의 활동이 혁명적 행동의 준엄한 세계에서 벗어난 열광주의적 몽상가의 행동으로 평가절하되는가 하면, 심지어 콩도르세가 순진하고 신중하지 못한 처신의 희생자로 표현되기도 했다. 특히, 그의 불명료한 죽음에 대해 위선 행위라는 비아냥이 없었던 것도 아니다.[4] 게다가 최후의 저술에 나타난 인간에 대한 낙관주의와 역사의 진보에 대한 신념은 순진한 지식인의 비망록으로 조롱받기 십상이었다. 하지만 과연 이 평가가 타당한 것인가? 나는 그가 결코 세상을 피상적으로 바라본 인물이 아니었음을 말하고자 한다. 이런 점에서 미국의 저명한 지성사가 피터 게이Peter Gay의 말은 경청할 만하다. "콩도르세의 낙관주의는 현실을 무시하는 인간의 경박함이 아니다. 그것은 고통을 직시하고 그 고통에 자신의 철학을 결합시킨 인간의, 거의 낭만적이라 할 만한 결단이다." 실로 콩도르세는 현실의 고통과 모순을 첨예하게 인식하고 의심과 불확실성에 휩싸였던 인물이다.

콩도르세는 현실의 고통과 모순을 타개하기 위해 계몽의 이성에 근거한 이상적 사회와 정부의 기초를 모색했다. 그는 관찰과 실험과 계산을 도구로 삼는 수학적 사회과학과 합리주의적 경험론에 바탕을 두고 자유와 평등, 박애와 진실, 정의와 인도주의에 대해 성찰했다. 이러한 콩도르세의 태도는 순수 수학자가 혁명 정치가로 변모하게 되는 흔치 않은 사례를 보여준다.

2. 계몽과 교육

(1) 계몽의 이념

콩도르세는 민주주의자이면서 엘리트주의자였고, 아울러 공화주의자이면서도 자유주의자였다. 그리고 노예제 폐지론자이며 페미니스트였다. 그는 자신의 계몽과 혁명에 대한 전망을 교육 사상을 통해 실천적으로 표명했다. 그의 교육 사상이 흥미로운 것은 19세기 이후의 프랑스 교육 제도의 골격이 그가 대혁명기에 제안한 기획에서 비롯된 측면이 많기 때문이다. 현행 프랑스 교육에서 독특한 위치를 차지하는, 고등사범학교나 국립정치학교와 같은 '에콜 노르말école normale'이라는 엘리트 교육 기관들은 콩도르세의 기획이 끼

친 영향을 확인해준다. 콩도르세는 이러한 독자적인 교육 기획안을 과연 어떤 사상적 토대에서 제안하게 되었는가?

돌이켜보면 콩도르세가 혁명 정치에서 겪은 실패는 혁명의 급진적 단계가 절정에 도달했음을 알려주는 지표인 동시에, 당대의 사회적 조건을 넘어서 첨예화된 혁명의 좌절이 멀지 않았다는 징후로 읽을 수 있다. 그의 실패의 원인은 외면상으로는 루이 16세의 처형 투표에 불참하고 지롱드파 헌법이라 불린 '신헌법 기획안'을 제안한 데 있다. 그러나 그가 제안한 교육 기획안의 핵심 내용인 지식 중심의 공교육론instruction publique을 둘러싼 자코뱅 산악파와의 대립이 그에 못지않은 작용을 했으리라고 판단한다. 그러므로 여기에서는 콩도르세의 공교육론이 계몽의 이념을 어떻게 표현하고 있으며, 혁명 정치에서 공교육론과 국민 교육론éducation nationale을 두고 벌어진 대립이 과연 무엇을 의미하는지 탐색해볼 것이다.

콩도르세가 계몽의 이념, 곧 과학과 도덕 관념의 진보에 의해 인간의 완전 가능성이 증명되었다는 확신을 표명하려던 최초의 계획은 적어도 1772년에까지 소급된다. 1769년에 왕립과학학술원에 입회한 콩도르세는 튀르고 등의 후원을 받으며 사무국장직을 얻으려 노력했다. 그 과정에서 그는 우선 인쇄술이 과학의 발전에 미친 영향에 관한 논문 외에 왕립과학학술원의 역사와 더 야심적인 기획인《과학에서 인류 정신의 진전에 관한 역사적 도표*Tableau historique de l'avance de l'esprit humain dans les sciences*》를 쓰려고 구상했다. 그러나 종신 사무국장이 된 1773년, 이 계획을 포기하고 대신에 1666년 에서 1699년까지 고인이 된 왕립과학학술원 회원에 대한 헌 사들을 출간하는 데 만족했다. 그리고 1774년에는《반反미 신의 달력*Almanach anti-superstitieux*》에서 범죄와 불행에 관한 보고서를 쓰고 〈프랑스학술원 입회 연설〉에서 인간의 계몽 과 행복을 위한 일반 조건에 대한 고찰로 나아가는 지속적인 전망의 확대를 보여준다. 그리고 그것은 마지막 저술《인간 정신의 진보에 관한 역사적 개요》에서 최고조로 표현되기에 이른다.

유명한 이야기지만, 칸트는 1784년《베를린 월보*Berlinische Monatsschrift*》에 게재한 논문 〈계몽이란 무엇인가?〉에서 계몽 주의는 인간이 자신의 열등성에서 벗어나는 것, 다시 말하면 권위에 맹목적으로 복종하는 것이 아니라 자신의 이해에 과 감하게 봉사하는 능력*Sapere aude!*으로 규정했다. 계몽의 정신 은 인간의 자유 의지에 의해 성취되는 진보의 합리성을 믿는 것이다. 그 결과, 계몽의 세기에는 지식의 진보와 이를 위한 판단과 비판의 자유가 증진되었다. 이러한 정신에 바탕을 둔 계몽사상은 절충주의가 특징이다. 그리고 계몽화된 절충적 이성은 각기 기술, 산업, 정치 및 역사적 성격으로 표출되었 다. 절충주의는 비록 여러 종합적 태도 때문에 비판받을 여지가 있지만, 실제로는 추상적 체계를 비판하고 현실의 전체성을 고찰하는 데 기여한 지적 태도였다. 콩도르세는 추상적 체계의 무용성과 위험성까지 추적한다. 추상적 체계는 인간의 현실 의식을 마비시키고 명백한 의문과 구체적 조건을 소홀히 취급하게 만든다. 이러한 의미에서 형이상학적이고 추상적인 체계는 합리성에 대한 이중적 왜곡이며 전체주의의 선동자이다. 이때 필요한 것은 이론을 실천시키기 위한 힘이다. 이러한 콩도르세의 인식은 프랑스적 지적 전통인 구체성의 철학에 대한 제안과 맞닿아 있다.

여기에서 우선 중요한 것은 인간의 본성을 가장 높은 수준의 완전성으로 상승시키고자 하는 데카르트적 보편과학의 구상이다.[5] 그러나 근본적으로 가장 높은 수준의 완전성이란 더 이상 전진의 여지를 남기지 않는 것이다. 그러므로 오히려 인간 정신의 선험적인 한계를 두지 않은 채 복잡한 관념들이 단순한 감각에서 나온다고 규정하는 존 로크의 인식론이야말로 콩도르세의 이론적 토대가 된다. 로크의 감각론에 입각해 판단하자면, 인간은 모든 도덕 감정의 자연적 경향에서 즐거움을 추구하고 고통의 원인은 회피하는 자연적이고 중립적인 경향을 지닌다. 로크의《인간오성론*An Essay Concerning Human Understanding*》에 따르면, 완전히 고정된 인간 본성이란 없다.[6] 인간의 지식은 대부분 교육에서 비롯된다. 계몽사상가들은 즐거움과 고통의 자연적 기제에 큰 관심을 쏟았고, 로크의 이러한 관념들은 콩디야크, 엘베시우스 그리고 벤담과 같은 공리주의자와 콩도르세의 사상에서 급진성을 띠고 이론적으로 확장되었다. 그러나 근본적으로 로크가 생각했던 교육은 개인적이고 사적인 것이었다. 반면, 계몽사상가들에게 교육은 입법과 정부에 의존하며 인간의 개선을 성취한다는 의미에서 정치적 문제였다. 콩도르세에게 인간의 완전 가능성은 교육과 정치적 수단에 의지하는 것이었다.

콩도르세가 데카르트적 본유 관념을 거부하고 인식의 경험론을 수용하는 증거들은 주로《인간 정신의 진보에 관한 역사적 개요》에 나타나고 있다. 그는 전체적으로 감각론에 근거한 경험론을 반복적으로 수용한다. 거기서 어떤 관념은 본성에 고유한 것이 아니라, 정신에 의해 형성된 결과물이다. 물론 여기에는 콩도르세의 인식론이 피상적으로 시대 정신에 동참한 것이라는 지적도 없지 않지만, 전체 윤곽을 이해하는 데는 별 부족함이 없어 보인다. 그의 인식론은 전체를 고려한 뒤에 각 순간의 계기들을 통합하는 데 특징이 있다. 예를 들어, 언어의 문제와 인류의 과제, 그리고 인간 능력의 진보 등의 문제가 그런 계기이다. 이런 의미에서 그의 인식론은 잡다한 것들의 조합이나 표절이 아니다. 그는 독단적 체계의 정신이나 형이상학을 견제하고 오직 이성에 의해 추론된 목록을 제시하려 했을 뿐이다. 그의 노력은 다음과 같은 말로 표현된다. "인간은 감각을 수용하고 그가 수용한 감각 안에서 인지하고 구별하는 능력을 지니고 태어난다. 그들을 구성하는 단순한 감각들을 그의 기억에서 유지, 인식, 결합, 보존 또는 상기하고, 더 잘 인식하기 위한 새로운 결합이 용이하도록 이런 결합을 비교한다. 그리고 그들이 공통적으로 지닌 것을 포착하고 이 모든 대상들에 기호를 부여하여 구분한다."[7]

좀더 살펴보자면 그의 경험론은 성립 과정에서부터 로크와 콩디야크의 이중적 영향을 받고 있었다. 로크의《인간오성론》에서 감각-심상은 관념의 원천이고, 관념의 연합은 성찰을 통해 새로운 관념의 산출로 나아간다.[8] 콩디야크의《인간 인식 기원론*Essai sur l'origine des connaissances humaines*》(1746)에 따르면, 우리는 사고의 대상을 직접 인식하는 것이 아니라, 순수한 감각으로 인상만을 인식한다. 그리고 인상을 재생하는 상상력보다 더 추상적 능력인 기억으로부터 일반화와 추상화를 진보시키는 능력이 발생한다. 콩도르세는《인간 정신의 진보에 관한 역사적 개요》에서는 콩디야크를 따르지 않는 측면도 있지만 적어도 언어 이론과 분석 이론에서는 그의 관념을 많이 수용하고 있다.

이러한 인식 능력을 보유한 인간의 권리에 관한 문제는 계몽의 이념에서 핵심 주제가 된다. 계몽주의의 상속자 콩도르세에게도 인권은 자연에 기초하며 만인은 본래 평등하다. 사회 상태는 자유롭게 동의한 계약이 아니라 관습 위에서 자연적 권리를 보장하는 새로운 기초를 놓은 것을 의미한다. 따라서 그는 최초의 결합, 곧 사회의 확립과 정치적 권위가 성립되는 출발을 자유로운 개인의 동의에 근거한 사회계약론보다는, 가부장적 가족기원론에 근거하여 인간의 사교성을 강조하는 사회성 이론에서 끌어낸다. 유일한 사회계약의 형태가 있다면, 지배자는 계몽된 선택에 의해 선출된다는 것이다.

콩도르세가 인권의 옹호를 통해 추구하는 것은 무엇인가? 그것은 소수자와 약자의 권리 보장을 통한 인간 해방이다. 인간이 어린이, 여성, 미혼모, 흑인, 동성연애자일 수 있다는 것을 강조한다는 점에서 그는 당대에 가장 대담한 인권 의식을 표명한 인물이다. 또한 "자유로운 인간이 지상에서 태양보다 더 빛날 순간"[9]을 위하여 과감하게도 유리한 연합을 감행하는 해방자의 행위를 제안한다는 점에서 그는 혁명 정치가라고 할 수 있다.

1789년의 시민의 권리 선언과 떼어놓고 생각할 수 없는 1792년 인권 선언 초안 제1절에서 그는 인간의 자연적, 시민적, 정치적 권리를 다섯 가지로 정리했다.[10] 그것은 개인의 안전, 개인의 자유, 재산의 안전, 자연적 평등, 사회적 보장을 위해 억압에 맞서 투쟁할 권리이다. 자유와 평등은 자의적 권력으로부터 안전이 보장되는 곳에서만 확보된다. 그리고 개인의 자유는 출판 언론 및 결사의 자유와 직결된 문제이다. 특히 어린이와 여성의 자연적 자유를 강조하는 것은 재산 소유의 자유와도 연관되어 있다.[11] 재산 소유의 자유는 소유물을 임의로 처분할 자유를 의미하기도 하지만, 근본적으로 그것은 유산자만이 진정으로 자유로울 수 있다는 현실주의 관념의 표현이기도 하다. 자유로운 자가 수행하는 재화의 정당한 획득은 옹호되어야 한다. 이는 또한 재화의 불평등이 문명의 진보에 유리하게 작용할 수 있음을 시사한다.

이러한 생각은 인간 평등의 구체적 실천 방식에 대해 고민하도록 만든다. 콩도르세는 대부분의 계몽사상가들처럼 절대적 평등은 가능하지도 않고 바람직하지도 않다고 본다. 심지어 그는 절대적 평등을 반지성주의로 규정한다. 평등주의의 현실적 수용을 긍정하는 그가 중심에 두는 평등은 출생 신분과 재산의 특권 여부를 막론하고 선출 행위에 동등하게 참여하는 평등, 즉 법률 및 정치적 평등이다. 역사적 경험을 통해 볼 때 자유는 헌법에 의해서만 보존될 수 있으며, 자유와 평등은 실정법에 의해 보장된다는 입장을 갖는다. 그가 로베스피에르에게서 완고한 법률주의자라고 비난받게 된 것은 이런 태도와 직결되어 있다.

그러나 콩도르세가 모든 실정법을 정당화한 것은 아니다. 몽테스키외에 대한 그의 비판에서 보듯 실정법은 보편 이성에 의해 재가되어야 한다. 따라서 그는 법률을 구체적 현실의 조건에서 편협하게 끌어내지 않고 이성과 경험을 통합적 건설의 토대로 삼아 이해한다. 그가 생각한 이성은 견고하고 체계적이며 지속적이어야 한다. 동시에 엄격하면서도 관대하고 온건해야 한다. 이러한 이성이 무지와 편견에 대해 궁극적으로 승리하리라는 신념은 그의 낙관주의와 진보 관념에 바탕이 되었다. 아울러 공통 이성은 불의를 범할 수 없으며 계몽된 이성은 이상적인 사회와 정부의 기초를 수립할 것이라는 확신, 바로 이것이 콩도르세의 정치적 개념들을 고취시키는 자유의 개념들이다. 즉 계몽이 증진될수록 인간은 자유로워진다. 자유와 계몽은 이러한 방식으로 결합되어 있다.

(2) 인권론

계몽과 정신의 진보에 대한 콩도르세의 관심은 보편 이성과 정의의 명령이 이기적 욕망보다 우위에 있다고 확신하는 낙관적 모럴리즘의 공리로 표현되었다. 이와 결부시켜 인위적 불평등을 제거하고 정당한 인권을 실현하는 것이 무엇보다 중요하다는 생각은 노예제 폐지론자로서의 그의 면모에서 가장 뚜렷이 나타난다.

계몽주의 시대에 역사의 진보와 노예의 해방을 연결시킨 구상은 이미 메르시에Louis-Sébastien Mercier의 유토피아적 저술《2440년L'An 2440》(1771)에 나타난 바 있다. 그러나 이 저술에서 노예는 새로운 사회의 군주에 의해 자동적으로 해방되는 존재일 뿐이었다. 콩도르세는 1774년 이래 변함없이 실천적인 노예제 폐지론자의 입장을 강경하게 고수했다. 그는

요아힘 슈바르츠Joachim Schwartz라는 필명으로 1781년 〈흑인
노예제도에 대한 성찰Réflexions sur l'esclavage des nègres〉(1788년
재간행)이라는 팸플릿을 작성하고 노예제도 반대 운동을 주
도했다. 그 핵심은 이렇게 표현된다. "절도가 약자의 범죄라
면 노예제도는 강자의 범죄이다."

　노예금지법의 제정을 촉구한 그는 1788년 브리소Jacques-
Pierre Brissot, 시에예스Emmanuel-Joseph Sieyès, 미라보mariquis de
Mirabeau, 라파예트Marquis de Lafayette, 페티옹Alexandre Sabès
Pétion 등과 함께 '흑인우애협회Sociét des amis des Noirs'를 창설
하고 의장직을 맡았다. 그들의 목표는 콩도르세가 주도적으
로 작성한 협회 규약에 잘 나타나 있다. 이 협회와 규약은 비
록 일부 지식인에게만 영향을 미쳤지만, 모든 인간의 권리상
의 평등을 도전적으로 강조했다는 점에서 주목받을 만하다.
그들은 자유와 정의와 인도주의라는 가치를 강력히 표방하
며, 흑인 노예 무역의 유지를 요청하는 보르도와 낭트 같은
도시와 식민지 대표들의 견해를 논박했다. 그들은 노예 무역
이 처음부터 기만과 불의의 낙인이 찍힌 채 등장했다는 점
을 무엇보다 강조한다. 그리고 경제적 진보는 도덕적 진보
와 일치해야 한다는 관점을 유지하는 동시에 당대의 노예제
옹호론인 '임노동자의 자발적 노예론'을 매우 현실적인 정
치 전략가의 어조로 비판한다. 그는 몽테스키외가《법의 정
신De l'Esprit des lois》에서 제시한 바처럼[12] 자유로운 흑인은 노

동에 더 큰 관심을 가질 것이며 자유의 증가는 생산의 증가를 보장한다고 강조했다. 경제적 자유주의의 입장에서 볼 때 노예제 폐지는 노동 시장과 노동 가격에 경쟁을 도입하도록 이끈다. 그는 자유 노동자의 대대적 증가가 노예노동의 수준에 접근하는 임금 하락을 초래할 것이므로 노예제도 폐지가 노예 주인에게 불리한 것이 아니라고 분석했다. 또한 분업과 대규모 농장의 소규모화를 통한 노예제 폐지를 대안으로 권장했다. 한편, 노예제옹호론자들은 흑인이 생산 수단과 생품을 조달할 능력이 없는 상태에서 자유와 평등을 획득할 때 더 큰 재난에 직면할 것이라며 이를 반박했다. 콩도르세는 이러한 반박에 대해 노예를 자유의 상태로 이행시킬 신중하고 구체적인 대안이 있으리라고 다소 막연하게 예견했다.

〈산토도밍고의 대농장주 대표들의 가입에 대하여Sur l'ad-missin des députés des planteurs de Saint-Dominque dans l'Assemblée nationale〉(1789)는 혁명 발발 직후 카리브해 서인도제도의 식민지 대표들이 흑인과 자유 혼혈인을 대변한다는 명분 아래 자신들의 이익과 자본과 노예제를 변호하기 위해 파리에 도착했을 때 그가 발표한 논설이다. 여기서 그는 노예를 부리는 농장주의 대표들을 자연권을 위반한 '인류의 적'이라고 규탄하며, 이들이 국민의회에 가입하는 것을 반대했다. 그리고 다시 한번 흑인에 대한 불평등한 취급을 거부하고 인류의 자유와 통합성을 확인했다. 이때 콩도르세가 강조한 자유는,

외적으로는 정치적 자유, 내적으로는 종속으로부터 자유를 의미한다.

콩도르세의 노예해방론은 양면성을 지닌다. 그것은 계몽주의자의 인간의 자연권을 옹호하는 노선인 한편, 사회적 정의보다는 유산자들의 이윤 중심 사고를 검토하는 노선이기도 하다. 이것은 콩도르세가 이상 사회에 대한 도덕적 요구를 강조하면서도 그것을 실현할 수 있는 물질적 수단을 중시한 것과 연관시켜 판단한다면 이해할 수 있다.[13] 그러나 반드시 지적해야 할 문제가 있다. 노예제와 식민주의에 대한 부정적 시선에도 불구하고 그의 자유주의적 진보의 관념에서 진보의 중심과 기준은 여전히 유럽 문명이라는 것이다. 즉 그의 논리에는 유럽 세계에 해방자의 역할을 부여하는 유럽인 우월주의가 내포되어 있다.

또한 콩도르세는 여성의 예속을 부인한다. 그를 두고 감히 '계몽주의 시대에 가장 분명한 페미니스트'라 해도 과언은 아니다. 콩도르세는 여성이 참정권을 비롯한 각종 권리에 법적 불평등을 겪으며 시민권을 행사하지 못하는 현실을 비판했다. 그는 여성의 지위 상승을 위한 조건 창출에 적극적이었다. 또한 교회가 여성의 예속화에 앞장섰다고 비판하고, 성직자들이 성적인 권위를 이용해 여성뿐만 아니라 인류 전체를 예속시킨다고 비난했다. 물론 그도 양성의 차이, 즉 공직 취임권에서 임신과 출산과 양육을 위한 신체적 조건이 여성의 참여를 막아왔다는 것과, 지금까지 여성들이 과학과 철학의 분야에서 특별한 재능을 나타내지 않았음을 인정한다. 그러나 콩도르세는 남녀의 자연권과 재능은 동등하다고 단언한다. 차이가 있다면 그것은 오직 사회 교육의 결과에서 비롯되었을 뿐이다.[14]

남성과 여성은 모두 열등한 정신과 우월한 정신을 공유하는 존재이다. 여성은 당연히 남성과 다른 부문에 관심을 가질 수 있고, 그것은 여성 나름대로의 이성을 발휘하기 때문이다. 여성이 화장하는 것은 남성이 웅변을 연습하는 것과 같은 것이다. 무엇보다 여성은 인류의 재생산에 기여한다. "그들이 열등하다면 어떻게 우리 자식의 진정한 어머니가 될 수 있겠는가?" 그는 이렇게 반문하며 여성을 선한 습속의 교란자로 보는 오랜 편견을 거부한다. 그리고 여성은 남성과 마찬가지로 재산권을 지니고 가장이 될 수 있으며 지방의회나 국민의회의 의원으로 선출될 수 있다고 강조했다.

18세기 계몽사상가들에게 여성은 남성들의 중요한 담론의 주제였다. 비록 노골적인 여성 혐오자는 없었으나, 여성은 흔히 육체적으로 취약하지만 후손을 생산한다는 점에서 우월한 존재, 그러나 도덕적으로는 비열한 존재로 규정당했다. 몽테스키외의 《페르시아인의 편지*Lettres persanes*》(1721)에서 여성은 남성과 철학자의 담론에 복종하도록 되어 있다. 디드로에게 여성은 남성이 재산과 권력을 획득하도록 도와

주는 동시에 과도함을 견제하는 균형추 역할로 나타난다. 루소J.-J. Rousseau의 《에밀Émile》(1762)에서 여성은 결혼과 교육의 대상이었다. 하지만 콩도르세는 인류의 절반인 여성의 해방 없이는 인간 해방도 없다는 관점을 나타냈다. 무엇보다 그는 만약 여성의 열등성과 의존성이 존재한다면 그것은 사회와 역사적 기원에서 비롯된다고 보고, 특히 교육 체계가 여성의 소외와 굴종을 심화시킨다고 적극 비판했다. 그러한 반면, 여성의 본성과 취미는 자연적으로 자녀 교육을 돕는 정주적이고 가내적인 어머니로서의 역할에 더욱 적합하다는 소극적 인식도 강하게 지속되고 있다. 흔히 그의 페미니즘은 마흔셋(1786년)에 결혼해 맞은 부인 소피 드 그루시Sophie de Grouchy와 그녀에게 모여든 사상가들에게서 많은 영향을 받았다는 평가를 받는다. 소피는 교양 있는 계몽사상가였고, 18세기 최후의 지적 살롱을 유지해나갔던 여성이다.[15] 공화주의 혁명정치가 콩도르세는 여성을 포함하여, 공동체 안에 예속된 구성원이나 결정권을 박탈당한 자가 있다면 그것은 공화정이라 할 수 없다고 생각했다.

그렇다면, 여성의 열등한 지위를 개선하기 위한 해결책으로 어떤 것이 가능했을까? 사유 재산과 교육이야말로 여성에게 힘을 제공해 남녀를 동등하게 만드는 방법이다. 모든 교육 단계에서 도덕성의 증진과 우호적 경쟁이 가능하려면 남녀공학 제도와 여성에 대한 교직의 개방이 필요하다. 콩도르세에게 정의는 여성의 동등한 권리가 보장되는 사회에서만 존재할 수 있다. 이러한 정의를 지향하는 사회에서 권리의 평등을 실현시키는 도구는 법률이다. 그런데 콩도르세는 남녀의 능력에는 자연적 차이가 있고, 차이가 전화하여 시민사회에서 다양한 권력 집단들의 권능을 발생시키는 변수가 된다는 사실을 소홀히 취급한다. 이러한 빈틈은 여성 평등에 대한 그의 원론적인 신념에서 발생한 것으로 추정된다.

그는 백과전서파의 스승격인 베이컨Francis Bacon의 관념을 확대한 〈아틀란티스L'Atlantide〉라는 미간행 초고를 썼지만, 베이컨처럼 과학자가 주도하는 사회를 상상하지는 않았다. 대신에 그는 과학의 보편 공화국에서 고통과 질병에서 해방되어 순수하고 우아하게 사는 지식인들의 공동체 사회를 묘사하고, 과학의 진보를 통해 인류를 통합시키는 데 여성이 참여하도록 배려한다. 이것은 《인간 정신의 진보에 관한 역사적 개요》의 아홉 번째 시대 마지막에 발견한 학문의 통합성에 대한 전망과 연결되어 있다. "이와 같이 인간의 모든 지적 작업들은 그것들의 목적에 있어 방법이나 요구되는 정신적 자질을 통해 다소 다르지만 하나의 독자적 목표를 향하여 경쟁한다. 즉, 인간 정신의 진보이다. 그것은 실로 잘 만들어진 작품처럼 인간들의 노동의 전체로서 존재하고 방법론과 더불어 구별되는 부분들은 하나의 전체만을 형성하고……하나의 목표와만 연결되고 지향해야 한다."

이러한 과정을 통해 실현되는 것이 바로 지식의 민주화이다. "사실이 증가함으로써 인간은 그 사실들을 분류하는 법을 배우고 그것들을 더 일반적인 공식으로 바꾼다. 동시에 그것들을 관찰하고 정확하게 측정하기 위해서 사용된 도구는 새로운 정확성을 지닌다……나아가 증가한 대상들의 더 많은 관계가 구분되고, 이들의 관계는 분명하게 정의될 수 있는 공식으로 표현된다. 그리하여 그때까지 발견 비용이 비싸고 오직 심원한 사상가들에 의해서만 이해될 수 있었던 진리들이 평균적 지성이 이해할 수 있는 범위 안에 들어오게 된다." 콩도르세에게 많은 영향을 미쳤던 튀르고가 엘리트 교육만을 중시한 데 비해, 콩도르세는 평균적 지성의 보편적 대중 교육도 중시했다. 이러한 태도는 교육을 인간의 자연적 기본권으로 간주하는 데서 비롯되었다. 올바른 교육은 오류의 문을 폐쇄하고 진리를 수용할 수 있도록 해준다. 계몽된 행위를 실천함으로써 평등주의의 신념을 낳고 편견을 완화시킨다는 것, 그에 따르는 물질적 진보는 더 많은 교육을 받고 계몽된 민중을 창출한다는 것이 현실에 대한 그의 기본 인식이었다.

(3) 공교육의 원리

콩도르세는 인간이 자연권을 수동적으로 보유하는 것만으로 충분하지 않다고 생각했다. 지식이야말로 그것을 인지하고 방어할 수 있게 하는 진정한 권리이자 능력이라고 보았다. 그에게 지식은 사유 재산과 마찬가지로 인간의 근본적인 전유 영역에 속했다. 한마디로 지식은 권리이고, 만인은 본성상 지식에 대한 권리를 가진다. 따라서 지식의 교육은 사회적인 공적 의무를 지닌 기본권이 된다. 콩도르세는 공교육이야말로 한 국가의 변화와 진보의 열쇠이고, 개인적 자유를 구원하고 권리의 평등을 실현하는 역할을 한다고 규정했다.

공교육론의 출발은 당시의 시대적 맥락과 맞닿아 있다. 계몽이 확산되고 그 유산으로 혁명이 도래함으로써 새로운 시대적 과제가 부여되었다. 그것은 계몽의 이념을 보편화하고 진정한 도덕적 혁명을 성취하기 위해 실천적 교육 이념을 표방해야 한다는 것이었다. 혁명의 성과물인 새로운 사회를 강화하기 위해 콩도르세는 사회적 의무로서 국민적 교육 체계를 세우고자 했다. 《공교육 5론》(1791)[16]은 1791년 10월 14일 공교육위원회의 조직과 더불어 의장으로 지명된 콩도르세로 하여금 국민공회에 〈공교육의 일반 조직에 대한 포고령의 보고서와 기획〉(1792)[17]을 제출하도록 권위를 부여한 저술이다. 공교육에 대한 실천적 관념에는 달랑베르가 《백과전서》에 쓴 'Collèges', 'Études', 'Encyclopédie' 등에서 끌어낸 것, 달랑베르와 튀르고와 레피나스 살롱의 동료들과의 토론에서 끌어낸 것이 많다. 20세기 초 어느 한 고전적 저술이 콩도르세와 루소의 교육 사상의 관련성을 강조했지만[18] 그것은 약간 과장된 측면이 있다. 오히려 근대적 자유주의의 입장에 선 공교육론은 고전 공화정의 공민적이고 도덕적인 교육 기획을 불신함으로써, 당대에 우세했던 루소의 정신 훈육적 교육 이념을 반대하는 조류 형성에 기여했기 때문이다. 콩도르세에게 루소주의는 비판할 점과 수용할 점이 공존하는 대상이었다. 그는 루소의《에밀》과 라 샬로테Louis-René de Caradeuc de La Chalotais의《국민교육론Essai d'éducation nationale》(1763) 이후 우후죽순처럼 나타난 교육 개혁안들에서도 많은 시사점을 얻은 듯하다.

공교육의 목적은 무엇인가? 공교육은 개인이 사회적으로 유용한 탁월한 가치를 성취하는 지식의 획득을 목적으로 하며, 평등한 교육 없이는 시민의 자유와 평등도 실현될 수 없다는 기본 원리를 지향한다. 그는 "만일 교육이 더 평등해진다면 산업과 재산에서도 더 큰 평등이 있게 될 것"[19]이라고 기대한다. 무지는 폭군의 압제를 초래하는 반면, 교육은 진보의 수단이며 결과이다. 교육 평등은 직업 선택의 평등, 예술의 완성, 위생 관념의 증대, 도덕 감정의 평등한 발전을 가져온다. 교육의 평등은 집단적 배타성을 넘어 계몽을 확산시키고 국가의 일반 법칙의 변화를 대비하는 데 필수적인 도구이다. 또한 분업이 가져오는 내면적 분열의 한계를 극복할 것이며, 허영과 야심을 감소시켜 탁월한 정신이 출현하게 하고, 결국 인류의 완전성을 성취시킬 것이다. 공교육은 그 전망에서 국민적 이익을 넘어 세계 시민 교육을 지향한다. 이것은 계몽이 보편화되는 세계주의에 대한 지향인 동시에 '정직한 인간의 인터내셔널'을 통해 수행되는 세계 진보에 대한 기대이다.

공교육은 또한 종교 교육을 배격하고 속인 교육을 원리로 삼는다. 이것은 콩도르세가 종교의 굴레에서 벗어난 위엄 있는 철학적 인간을 추구하는 것과 관련 있다.[20] 그는 수도회 교단에 소속된 교육 기관에서 행하는 도덕 교육은 독단적 교의를 주입해 마음의 활력과 감정의 관대함을 질식시키므로 자유 시민 교육에는 도움이 되지 않는다고 비판했다. 그는 공교육은 계몽의 관대성 또는 형평에 근거해야 한다고 강조한다. 이것은 청소년기에 스스로 체험한 예수회 교육의 부정적인 경험에까지 소급되는 것으로 보이지만, 당대의 조류인 호전적인 반가톨릭적 반성직자주의와도 결합되어 있을 것이다. 그러나 좀더 살펴보면, 종교 교육 비판은 공교육의 원리가 표방하는 근본적 입장에서부터 비롯되었음을 알 수 있다. 콩도르세는 고전 공화정에서 제공됐던, 국가 공동체의 역할이 크고 정신의 훈육을 지향하는 교육éducation이 노동과 재산의 차이가 심화된 근대에는 실현되기 어렵다고 생각했다. 그 대신 교사에 의한 지식 중심의 교육instruction이 목표가 될 수밖에 없다고 생각했다. 그는 공동체가 주도하는 정신 훈육적 교육은 부모의 권리와 충돌하고 개인의 의견의 독립성에 반하므로 교육 수요자에 대한 지식 중심 교육이 공교육의 평등한 수혜를 가능케 하는 조건이라고 생각했다. 여기서 공교육의 평등한 수혜는 교육 방법, 교육 내용, 정신의 획일화를 의미하지 않는다.

《공교육 5론》에서 첫째 논문은 공교육의 목적과 방향을 개괄적으로 설명하고 이어서 계속되는 논문에서 공교육의 본성과 목표는 크게 다음과 같이 나타나고 있다. 첫째, 비의무적이되 공통적인 초등 교육, 둘째, 성인 교육, 셋째, 직업 교육, 넷째, 과학적 정신 계발 교육이다. 요즘 흔히 말하는 '고등 교육에 대한 개방된 접근'이라는 구호를 사용하지는 않았지만 콩도르세가 모든 개인에게 고유한 재능과 성장 잠재력의 계발을 강조한 것은 사실이다. 그리고 국가가 시민의 잠재력을 계발하고 발전할 수 있게 해주는 수단을 쉽고 다양하게 제공해주기를 요청했다. 그것이 국가의 이익으로 되돌아온다고 판단했기 때문이다. 특히 프랑스 대혁명으로 인해 변화한 세계는 새로운 사고 방법과 실천을 요구하고 있었다. 그는 이러한 시대적 요구를 감지했기에 혁명의 성공과 국가의 미래를 위해 다양한 수준의 교육을 통해 공적 직책에 능동적으로 참여할 시민을 창출하는 데 교육의 목표를 두었다. 자유로운 국가의 조건은 공통 교육을 받은 최대 다수의 사람들이 유능한 공직자로서 정치적 책임을 행사하는 데 있다고 판단했기 때문이다. 이런 판단은 대의 제도에 대한 옹호에도 불구하고, 시민의 정치 참여를 활성화하려던 의도의 발현으로 보인다.

공교육의 원리는 또한 계급적 교육을 부정한다. 그것은 공리주의적 기반 위에서 모든 계급의 일반 복지를 위한 보편 교육의 유용성과 중요성을 강조한다. 공적 번영을 위해서는 수많은 하층 계급의 아동들이 재능을 발전시킬 수 있는 기회가 필요하다. "그것이 조국에 봉사할 준비가 된 시민과 과학의 진보에 충실히 기여할 수 있는 추종자를 만들고, 교육의 차이가 분열시키는 경향이 있는 모든 계급의 상호 결합을 보장하는 수단"이기 때문이다. 한편, 그는 산업화에 따른 교육적 요구의 변화를 예견했고, 장차 고전 지식에 대한 인문학적 관심은 약화되고 과학적 지식이 강조될 것이라고 예측했다.[21] 수시로 인문학의 위기가 논의되는 지금 시점에서 돌아볼 때 그의 통찰력은 놀랍다. 이처럼 콩도르세가 대중의 교육 훈련을 요청한 이유는, 교육받은 시민은 물질적 혜택을 통해 삶의 질을 개선하고 예술에 대한 감식안을 향상시켜 정신적 각성을 맞는다고 판단한 데 있다. 한편 여기서 학교는 단순히 사회적 적응을 위한 공리적 도구로 그치지 않는다. 학교가 곧 자유의 보존과 수호를 위한 활동 기관이라는 점에 주목해야 한다.

《공교육 5론》에 나타난 공교육의 본성과 목표를 살펴보면, 그의 교육 사상이 혁명적 활동과 더불어 진화했다는 평가[22]는 지극히 타당하다. 이 저술을 통해 교육이야말로 정치적 제도의 최고의 관심사임을 표명하고 각인시킨 그는 1792년의 기획안에서 네 가지 기본 원리를 천명한다. 그것은 세계에 대한 기본적 인식과 전망을 중시하는 교육적 요청의 원리, 합리성의 원리, 중앙 통제의 원리, 그리고 무상 교육의 원리이다. 그는 여기에 바탕을 두고 독립된 행정 구조를 지닌 다섯 단계의 교육 제도의 창설을 제안했다. 첫째 단계로 연령이 확정되지 않은 초등 학교와, 둘째 단계인 중등 학교(13~17세)는 의무 교육 기관이다. 학사원institute(17~21세)을 각 도에 하나씩 설립해 고급 공무원이나 중등 교사를 양성한다. 중요한 전문 직업적 연구는 국가 전역에 산재한 아홉 개의 리세lycée의 소관이 될 것이다. 그리고 최종 단계인 다섯째 단계에서는 '학문과 예술의 국민협회société nationale des sciences et des arts'가 전체 교육 구조를 지도하고 보호할 것이다.[23] 이러한 교육 체계는 중앙집중화된 위계를 보여주는 피라미드 구조를 지니고 있다. 그렇지만 원칙적으로 모든 교육 기관이 국가의 정치적, 문화적 통제에서 자유와 독립을 보장받는 것은 공교육의 필수 조건이다. 공교육론의 핵심적 특징은 교육에 대한 국가의 독점적 지배를 거부한다는 점이다. 반면 공교육론이 안고 있는 문제점은 교육 재정 문제를 제대로 취급하지 않는다는 것과 그와 관련된 교육 시간과 비용을 개인의 부담으로 돌린다는 것이다. 이는 공교육의 체계와 교사가 모든 수준에서 자유로워야 한다는 신념과, 교육의 기초이자 대상인 학생의 비판적 지성과 시민 정신의 양육을 위해서는 무엇보다도 교육의 자율성이 필수불가결하다는 인식의 산물이다. 그렇지만 결과적으로 이러한 생각은 무상 교육을 주축으로 하는 공교육의 관념을 흔들거나 부정한다는 점에서 한계를 지닌다.

그렇지만 콩도르세는 어떤 구체적 상황에서 그의 계획이 적용될 수 있는지 세심하게 예견했음이 분명하다. 그는 주민 400명당 한 학교 한 명의 교사를 기본으로 하여 초등 학교 설립, 교사 양성, 교육 내용과 방법 등을 하나의 보기로서 구상했다. 또한 초·중등 교육에서 언어와 과학과 수학 교육의 중요성을 강조했다. 뿐만 아니라 교사의 자격은 공적 및 사적으로 인권 보호와 시민의 권리 보호에 기여한 공화주의자로 한정하고, 그들이 성인 교육까지도 책임지도록 했다. 이 부분은 고전 공화주의 국민 교육의 이념과 동일하고 그의 공교육론과는 모순되는 것이 아닌가 하는 의구심을 갖게 할 만한 측면이 없지 않다. 콩도르세에게 교육 제도의 존립은 공화주의를 유지하는 토대로서 의미가 있다. 즉, 교육 제도는 공화주의의 발현인 동시에 조건이다. 교육 제도가 하나의 발현인 것은 공화정만이 시민으로 하여금 계몽의 개방성과 확장을 유지하게 하는 데 가장 적합한 정치 제도이기 때문이다. 또 교육 제도가 조건인 것은 교육을 통해 확보되는 이성의 실천이 개인적 자율성과 국민의 공동체적 자유를 보장한다고 규정했기 때문이다.

또 다른 문제가 제기될 수 있다. 만일 지식이 제도적 틀 안에서 채택된다면 인간 정신의 독립과 진리의 보장이 어떻게 제도의 방해를 받지 않고 실현될 수 있겠는가? 제도는 계몽에 필요한 조건인 동시에 이를 제약하기도 하는 역설적인 성격을 띠기 때문이다. 자유 역시 그러한 이중성을 띠고 있다. 그러나 제도는 자유와 계몽의 조건을 억압하도록 힘을 행사해서는 안 된다. 그런가 하면 계몽은 자유만으로는 성립될 수 없고 제도적 장치의 도태가 필요하다. 우리는 콩도르세의 교육 사상에서 교육과 공화정, 계몽과 자유, 자유와 계몽, 계몽과 교육 사의의 상호 의존적 순환성을 간파할 필요가 있다.[24]

또한 주목할 만한 점은 콩도르세가 교육 기획 안에서 이미 산업화의 부정적인 측면을 인식하고 있었다는 점이다. 그는 과학과 산업의 진보가 초래할 위험을 인식했고, 정치경제적 변화와 교육을 이해하는 수준 사이에 깊은 심연이 생길 가능성 역시 인식하고 있었다. 산업화가 계몽으로 작용하지 못하고 오히려 정신적 마비를 불러올 위험을 감지한 그는 "기계의 개선이 어떤 측면에서는 인간성을 우둔하게 만드는 원인이 될" 가능성에 주목했다.[25] 아동의 초·중등 교육 못지않게 다양한 연령과 직업에서의 성인 교육, 즉 평생 교육을 강조한 이유 또한 인간의 일반적 완성을 위한 능력의 계발을 강조하는 동시에 산업화의 문제점을 각성한 것과 연관성이 있다.

그런데 콩도르세의 교육론에는 일관성이 결여된 측면이 있다. 《공교육 5론》의 도입부는 개인에 대한 두 가지 전제를 내세우는데, 처음에는 개인적 능력의 자연적 평등을 강조하다가 이어서 개인적 권리의 자연적 불평등을 인정하기 때문이다. 따라서 전문직업적 사회는 개인적 권리의 평등한 향유와 갈등을 일으키고, 대중 사회는 개인의 평등을 강조해 무지의 전제정이 될 가능성이 있다. 그는 이러한 문제의 해결책으로 교육의 목표를 계몽되고 재능 있는 소수가 미흡한 다수의 민주적 권리와 조화되는 사회를 창조하는 데 두고, 불평등의 극단적 결과를 교육을 통해 수정하고자 했다. 그럼에도 불구하고 분명한 것은 콩도르세가 계몽의 확대와 평등에 대한 관심이 교육이 추구하는 지적 수월성을 감소시키지 않도록 할 것을 요구한다는 점이다. 소수의 지식 독점은 물론 바람직하지 않지만, 사회의 발전을 위해서는 각자의 재능과 능력에 적합한 위계적 교육 체계가 불가피하다고 판단했기 때문이다. 그러므로 재능 있는 엘리트에게 전문직을 개방해야 한다. 이렇게 볼 때, 콩도르세는 교육 제도에서 자연적 평등이 결국 현실적인 한계에 부딪히게 된다는 것을 인정한 셈이다. 대신 그는 계몽된 인간이 제정한 법률에 의지해 평등의 실현을 모색했다. 여기에는 강한 법률만이 사적 이익과 개인적 열정의 산물인 불의를 중단시키리라는 기대가 깔려 있다. 또한 자연권적 가치의 불충분함과 정신의 능력을 지배하는 불평등을 교육을 통해 해소시키려는 목표 의식이 작용하고 있다. 나아가 평등주의에 입각한 인민의 집단 행동적 요구는 법률로 통제해야 한다는 의미를 내포하고 있다.

그러나 사실 불평등은 인간의 본성에 뿌리 박고 있는 것이 아닌가? 교육이 도리어 본성의 왜곡을 재확립하는 수단은 아닌가? 콩도르세는 이러한 가능성들을 모두 고려했다. 따라서 교육에 의해 성취되는 완전한 인간의 이미지에만 집착하거나 미래를 오로지 이성의 영역으로만 종속시키지는 않았다. 그는 오히려 인간의 위선과 욕망과 무능, 그리고 역사적 미래의 불확실성을 예민하게 인식하고 있었다. 그럼에도 불구하고 그는 공교육에 의해 능동적 의지를 획득한 자유로운 인간 정신이 무한한 공간에서 창조하는 역사의 진보를 상정했다.

한편 콩도르세는 교육 제도의 개선을 용이하게 만드는 보편 언어의 성립을 중요한 과제로 제시했다. 진리의 독점은 과학적 창조 행위의 고갈을 초래하고, 대중의 계몽과 문화의 진보는 교육 기술의 진보를 요청한다고 판단했기 때문이다. 그 결과 그는 교육 기술 진보의 수단으로서 언어가 갖는 중요성을 부각시켰다. 이렇게 보면 과학의 진보는 교육 기술의 진보를 보장하고, 그것이 다시 상호적으로 과학 기술의 진보를 가속화시킨다.

(4) 혁명 정치에서 교육론의 갈등

콩도르세는 무지한 시민이 혁명 정부에 가할 수 있는 충격적 위험성을 간파하고 자유로운 보편 교육의 실현에 고심했다. 그는 혁명에 휘말린 프랑스가 자유와 평등을 위해 큰 희생을 치르리라 예상했지만, 그럼에도 불구하고 이성에 동반되는 계몽의 정신은 장기적으로 통치자의 배신과 대중의 오류와 취약점을 극복하고 승리하리라 확신했다. 이것이 그로 하여금 계몽주의와 자유주의를 결합하는 혁명적 행동을 기획하게 했다. 콩도르세의 기획은 더러 계몽주의와 혁명이 만나 창조적 종합을 성취한 가장 참신한 사례로까지 평가받는다.

그의 목표는 공교육의 체계를 확립해 시민들이 개인적 발전의 증진과 공동체에 대한 능동적 참여를 보장받게 하는 것이었다. 또한 그의 사상은 혁명의 진전과 함께 진화해 보통선거를 수용하기에 이른다. 그러나 임노동자의 선거권을 배제하고 사회 문제에 대한 명백한 입장을 발전시킬 수 없었던 그의 사상은 객관적 한계를 지닌다. 이런 의미에서 그의 사상은 발전에 의해 풍부해진 측면도 있고, 모순에 의해 제한된 측면도 있다. 교육에 의한 계급간의 이익조화론이 대표적인 예가 될 것이다. 교육의 목표를 공화국 사회의 비판적 재편성에 맞춘 콩도르세가 교육의 역할을 사회적 집단들의 차이 극복에 둔 것은 중농주의자들의 관점과 가깝다. 여기서 그의 자유주의 교육 사상의 한계는 객관적인 사회적 분열을 공교육의 체계에 의해 극복하는 것이 가능하다고 보는 데 있다. 혁명기에 비의무적 교육 체계를 수립하고, 나아가 복잡한 위계의 교육 자치주의corporatisme를 성립시키려 했다는 비판을 받은 것 역시 이와 맞물려 있다.

혁명기에 산악파 지도자, 특히 로베스피에르와 생 쥐스트 Louis de Saint-Just의 관심은 무엇보다도 고전 공화정적 덕성을 구현하는 공동체의 실현에 있었다. 이를 위해서는 과거와의 절연을 감행하고, 거의 종교적이라 할 만한 마음의 개종을 통해 인간은 인민이 되고 개인은 국가에 흡수되어 급진적이고 절대적인 평등을 성취해야만 한다고 보았다. 한편 콩도르세에게도 대혁명은 인간의 출현 이래 처음으로 성취된 영광의 날이며, 성찰적 이성과 실천적 이성의 점진적 개화에 따른 인간 진보의 결정적인 증거였다. 그에게도 권리의 평등은 절대 명령이며, 혁명은 그것을 성립시킨 절호의 기회였다. 그러나 콩도르세에게 재능과 부의 불평등은 사회의 유지를 위해 불가피하고 심지어 필요하기조차 했다. 비록 민주주의라 해도 시민들에게서 형식적 법의 권리와 실제적 권리 사이에 큰 간격이 있는 것은 불가피하다. 이 간격은 경제력과 생존 수단과 교육의 불평등에서 비롯되었다. 현실에서 이 불평등의 원인은 자연적이고 필연적인 성격을 띤다. 그러므로 현실적 불평등을 완전히 제거한다는 것은 도리어 위험하고, 오직 불평등을 점진적으로 감소시키는 것만이 가능하다.

콩도르세가 혁명적 독재에 호의적이지 않았던 것은 그가, 권위적 정부에 반대하고 국가는 자유의 실현을 위한 도구일 뿐이라고 규정하는 도구적 국가론의 입장을 취하고 있었기 때문이다. 국가는 시민들에게 주도적 권리, 특히 교육과 과학적 연구의 핵심 영역을 위임해야 한다. 또한 그는 의견의 다양성을 보장하기 위해 공교육이 정치 및 도덕 교육에까지 확대되어서는 안 된다고 생각했다. 독단적 교의를 강요하는 구체제의 강압적 종교 교육을 거부한 그는 교육은 원하는 사람에게만 제공되어야 한다는 자발적 교육의 원리, 곧 합리적 개인과 집단의 '선택으로서의 교육'을 중시했다. 그의 공교육 기획은 다원주의가 마련되지도 않은 시대에 이미 다원주의자로서의 면모를 보여준다. 공교육의 기획은 자유 교육, 차등 교육, 세속 교육, 보편 교육, 비의무 교육의 원리를 중심으로 한다. 콩도르세가 주장하는 공교육은 모든 개인들에게 "필수품을 얻을 수단을 제공해 복지를 보장하고, 권리를 인식해 행사하고 의무를 수행토록 한다." 공적 정의의 실천, 사회적 권리의 행사, 산업을 완성시키는 능력의 보장, 법적·정치적 평등을 넘어선 사실상의 평등 향유, 거기에 시민의 즐거움을 계발하고 증대시키는 예술 교육 역시 중요하다. "모든 사회 제도는 각 세대에 물리적·지적·도덕적 재능을 계발

해주어 그것을 통해 일반적이고 점진적인 완성에 기여한다는 궁극적 목적을 향해 인도되어야 한다."[26]

한편, 산악파인 생테티엔Rabaut Saint-Étienne은 1792년 12월 콩도르세의 공교육의 기획과 자신이 제안한 국민 교육éducation nationale의 기획을 분명하게 요약하여 대비해 보였다. "전자가 계몽을 제공한다면 후자는 덕성을 제공한다. 전자가 사회에 힘을 준다면 후자는 강건함에 힘을 준다. 공교육은 리세와 콜레주와 학술원, 책과 계산 도구와 그것들을 건물 안에 모아두는 방법을 요구한다. 국민 교육은 원형 경기장과 체육 시설과 군대와 공공 유희와 국민 축제, 모든 연령과 성별의 우호적인 경쟁과……장대한 공간을 요구한다." 공교육이 소수의 참여를 위한 교육이라면, 국민 교육은 아동을 위한 교육인 동시에 전체를 위한 교육이다. 그리고 그 목표는 현재 세대를 신인간으로 만드는 것이다.

콩도르세가 표방하는 공교육의 목표는 한마디로 개인과 공동체에서 인간 정신의 무한한 완성과 자유를 보장하는 '인류 교육'이다. 현실에서 교육은 국가를 위해 존재한다. 따라서 그것은 공적인 것이며, 사회의 공공 이익과 전체 인간에 의해 부과된 의무이다. 동시에 이성에 바탕을 둔 도덕 교육 및 시민 교육에서는 어떤 공적 권력도 새로운 진리의 발견을 방해하는 권위를 지닐 수 없다. 교육의 정치적 권위로부터의 독립은 인권의 한 부분이다. 콩도르세는 교육 체계의 최대 목표를 교육의 자유에 두고, 교사의 자율성 증진과 학생의 비판적 지성 발전을 기초로 삼았다. 교육 방법에서 탐구적 교육을 강조한 그는 언어 교육과 수학 교육, 그리고 남녀 평등 교육과 평생 교육을 강조했다. 그러나 지롱드파와 자코뱅파의 마지막 결전을 앞둔 상황에서 현실 정치의 불안정은 그의 제안에 대한 합리적 심의를 방해했다. 그는 이러한 난관 앞에서 사회정치적 사건들에 대한 과학적 추론을 증진시키는 도덕 및 정치과학의 방법과 원리를 대중화하고, 정치적 전제주의가 의존하게 마련인 무지와 오류로부터 인민을 자유롭게 할 것을 결심했다. 그래서 이러한 입장을 표방하는 《사회교육지 *Journal d'instruction sociale*》를 창간해 대중에게 직접 호소하고자 했다.

그러나 그의 교육 사상은 대혁명의 급진적 단계에서 공동체주의 이념의 주입 교육을 강조한 스파르타 애호주의적 이상과 충돌했다. 그 결과, 그는 애국적 공동체 교육을 지향하는 르펠티에Lepelletier와 민중주의를 표방한 부키에Gabriel Bouquier, 그리고 신인간을 만드는 국민 교육을 목표로 하는 로베스피에르와 생 쥐스트에게서 집중 공격을 받게 된다. 이들이 보기에 콩도르세는 교육에 대한 평등주의와 국가의 독점적 주도권을 부인하고, 비의무 교육과 복잡한 위계의 교육 자치주의를 표방하며 엘리트 귀족정치를 추구하는 인물이었다. 콩도르세에 대한 자코뱅파의 불신이 심화된 이유가 바로 여기 있다.

비록 혁명 정치에서는 실패했지만, 콩도르세의 교육 사상은 테르미도르의 반동 이후 역설적으로 승리했다. 국민적이고 다층위적인 교육 체계, 계급과 성별과 종교 구분 없이 만인에 유용하고 자유로운 백과전서적, 과학적, 세속적 교육 방법은 지금까지도 민주적 학교가 추구하는 최고의 목표로 설정되어 있다.

혁명의 성과물인 새로운 사회를 강화하기 위해 콩도르세는 사회적 의무로서의 공교육 체계를 부과하고자 시도했다. 공교육의 목표는 보편 교육의 평등한 실현을 통해서 인간의 완전성을 성취할 가능성을 증대시키는 것이다. 또한 시민이 국민적 이익을 넘어 세계 시민이 되도록 함으로써 계몽이 보편화되는 세계주의를 지향하고, 동시에 '정직한 인간의 인터내셔널'을 통해 수행되는 진보의 전망을 세우고자 했다.

콩도르세의 공교육론은 계몽주의와 혁명이 만나 창조적 종합을 성취한 드문 사례이다. 혁명의 진행과 함께 콩도르세의 사상도 진보를 거듭했다. 그러나 실제로는, 무산 임노동자를 선거권에서 배제하는 데서 볼 수 있듯이 사회 문제에 대한 객관적이고 명백한 입장을 확립하지는 못했다. 교육에 의한 계급간의 이익조화론은 그러한 한계를 잘 나타낸다. 이처럼 그의 사상에는 발전으로 풍부해진 측면과 모순으로 제한된 측면이 공존하고 있다.

3. 역사의 진보

(1) 인간의 완전 가능성

흡사 무슨 유행처럼 포스트모더니즘을 논하던 최근의 지적 풍조가 오히려 현대성의 본질에 관한 심화된 탐구로 관심이 전환되는 계기가 된 것은 참으로 역설적이다. 이제 현대성의 본질로서 객관적 과학, 보편적 도덕, 자율적 예술에 기반하는 역사의 진보라는 관념은 새로운 반추의 대상이 되고 있다. 그러나 과학이 여전히 발전하고 있는 지금 한때 이른바 시대의 화두로서 '잘 나가던' 진보 관념이 소극적 관심의 대상이 된 것은 이 시대의 복합적 양상을 드러낸 것이라고 하지 않을 수 없다.

현재 우리는 새 천년의 출발점에 많은 과학적 성과물과 더불어 서 있다. 그러나 과학은 더 이상 역사의 진보를 담보하는 인간적 성취물이 아니라 문화적 성취물에 불과할 뿐이고, 역사의 진보에 대한 회의는 하나의 증후군이 되어 이 시대의 세계 인식에 전방위에서 영향력을 발휘하고 있다. 특히 역사에 대한 전망의 제시에 자신감을 상실한 지식인들의 담론에서 '진보'라는 말은 더 이상 영혼을 울리는 생명력을 발휘하지 못하고 있는 형편이다.

근대성의 본질을 논하는 자들은 흔히 데카르트적 세계관의 명제에 대한 분석에서 출발한다. 데카르트는 방법론적 회의를 통해서 세계에 대한 진리를 인간의 이성적 능력에 의해 명증하게 인식할 수 있다는 신념을 제시했다. 이 신념에 비추어 보면, 역사란 이성이 신뢰할 수 없는 우연이 작용하는 불확실한 영역에 불과했다. 역사의 영역에서 진보의 관념이 확고하게 표명된 것은 퐁트넬 이래 한 세기에 걸쳐 계몽주의 운동의 영향력이 복합적으로 작용한 결과였다.

콩도르세의 마지막 저술은 당시까지 산발적으로 제시되었던 계몽과 역사적 진보 관념의 총정리판이었다 해도 과언이 아니다. 그 저술은 지난 두 세기간 거의 종교적 신앙에 가까운 권위를 행사했던 진보 관념의 경전 역할을 한 것이다. 물론 돌이켜보면 역사의 변증법적 진보를 강조하는 사람들의 입장에서 그의 진보 관념이란 것이 유산 계급 자유주의자의 나팔 소리에 불과하다는 비판이 적지 않았다. 그러나 거시적 관점에서 볼 때, 민중과 계급 투쟁의 전망을 중시했다는 차이는 있지만 그들이 추구한 진보 역시 콩도르세가 제시한 이성과 과학에 근거한 틀을 크게 벗어난 것은 아니었다. 이렇게 평가할 수 있는 것은, 프랑스 대혁명을 계기로 진보 관념의 언어 규약적 의미가 변화하는데, 이전까지는 주로 개혁과 점진적 개선을 의미했으나 후기 계몽주의 시대부터는 비의도적이며 변증법적인 과정으로 묘사되었고,[27] 콩도르세에게서는 이 두 의미가 공존하기 때문이다.

유명한 과학사가 코이레A. Koyré는 콩도르세가 새로운 관넘을 발명한 것이 아니라 기존의 관념을 종합해 질서를 부여하고 논리적으로 체계화했다고 평가함으로써 그의 사상이 지닌 절충주의적 성격을 부각시켰다.[28] 나는 이 평가의 타당성을 인정하며, 콩도르세가 이 절충 과정에서 특히 이론과 실천의 통합을 모색함으로써 획득한 전망에 주목한다. 그리하여 콩도르세가 이성과 과학의 발전에 근거한 결정론적이고 기계론적인 진보를 낙관한 인물이라는 통설적인 평가[29]가 과연 타당한지 묻고자 한다. 이것은 역사 진보의 관념에 대한 문제 제기를 다시 활성화시키려는 것이다. 물론 콩도르세가 표방한 진보 관념은 지난 2백 년간 현대 세계가 직면한 많은 파멸적 발전——환경 파괴, 핵전쟁, 자본주의의 폭압적 팽창 등——을 제대로 예견하지 못했다는 분명한 한계가 있지만, 근대 사회에서 자유와 행복을 추구하는 인간들이 직면하게 될 기본 주제들에 대해 놀라운 통찰력을 보여준 것은 사실이다. 특히 그는 현실 정치에서 처절한 패배를 맛보던 순간에도 이성과 과학의 발전, 계몽과 인간 정신의 진보라는 기본 개념들을 신뢰하며, 그것을 계몽주의 역사 인식의 핵심적 요소인 당위devenir와 합리성rationalité 두 방향 위에서 전개했다. 이것이 콩도르세가 역사는 늘 이성이 승리를 거두지 않으면 패배에 직면해왔다고 단순화시킨 이유일 것이다. 따라서 혁명재판소의 궐석 재판에서 사형 언도를 받고 친지의 집에 숨어들어 외부와는 단절된 상태에서 씌어진 《인간 정신의 진보에 관한 역사적 개요》는, 이성에 의한 인류의 해방과 덕성과 진실과 행복으로의 길은 돌이킬 수 없다고 확신한 그의 최후 저술이다.

돌이켜보면 콩도르세가 표방한 진보 관념과 그것에서 파생된 용어들은 기존의 역사 발전에 대한 관념의 경계선을 무너뜨리는 데 기여했다. 콩도르세 이후 역사의 진보는 현재와 미래의 인간 활동의 도표를 제시하는 측면에서 부각된다. 그리하여 어떤 역사적 변화의 계기에 직면해서는 선에 대한 정의를 내리고 인간의 도덕성을 확인하는 준거 개념으로까지 지위가 승격했다. 진보 관념은 역사적 경험으로 콜링우드적 의미에서 현재에 봉입된 서술capsulated description, 다시 말하면 역사를 현재의 관점에서 바라보는 현재주의의 입장에서 과거를 서술하는 데 규정력을 발휘하는 관념이 된 것이다. 이렇게 된 데는 인간이 완전해질 가능성이라는 관념이 작용했다. 과학의 발전과 도덕 관념의 진보에 의해 인간이 완전해질 가능성이 성취된다는 관념은 서양 사상사에서 오랜 기간에 걸쳐 획득된 것이다.

그렇다면 이 관념은 어떠한 특징적 양상을 지니고 나타나는가? 콩도르세 개인의 지적 발전 과정에서 진보 관념은 이미 1780년대 초부터 나타난다. 그 실마리는 인간이 제도를 형성하는 능력에서 발전의 논리를 끌어내는 데 있으며 그 귀결이《인간 정신의 진보에 관한 역사적 개요》이다. 흔히 이 저술이 표방하는 진보 관념은 낙관주의자에 의한 세속적 역사진보이론의 공식화로 잘 알려져 있다.

본래 낙관주의는 신학의 영역에 속하는 것이었으나 근대 이후 자연철학이 그것을 대체하고, 정적인 낙관주의가 동적인 낙관주의로 대체되기에 이르렀다. 그리고 이 낙관주의는 정치적 변화 및 행동 모색과 결합했다. 콩도르세의 낙관주의는 다른 계몽주의자들과 마찬가지로 인간의 자애와 덕성을 강조하는 도덕적 낙관주의에서 출발한 것이 사실이지만, 점차 수학적 확률론에서 그 근거를 모색하게 되었다.

이러한 배경 위에서 그는 단순한 낙관이나 비관을 넘어 자연적 진화론까지 포함한 진보의 관념을 천명했다. 이 저술의 내용에는 다음의 두 가지 전제가 확고하게 제시되어 있다. 첫째, 인간은 본성상 무한하게 완전해질 가능성이 있는 존재이다. 둘째, 역사에서 인간은 오랜 세기의 과정을 거치면서 효과적으로 완전해졌다. 이것은 타락한 인간의 한계에 집착하는 아우구스티누스주의에 맞서, 창조의 완전성을 강조하고 구원을 위한 은총은 불필요하다고 천명한 펠라기우스주의pélagianisme의 승리라고 말할 수 있다.

인간이 무한히 완전해질 가능성이란, 도달할 수 없는 범위로의 연속적인 접근이 진행되는, 결정되고 제한된 한도의 초월을 의미한다. 그러므로 인간이 무한히 완전해질 가능성이란 인간 정신의 활동과 성취를 위한 다양하고 비결정적인 장場을 제공하는 것이다. 그러나 이러한 설명만으로는 충분하지 않다. 정신의 활동에도 나름대로 고유한 통제가 작용한다. 그 결과 부단히 인간 능력의 질적 개선을 모색하고 성취할 계기가 마련된다.

인간의 완전 가능성이라는 근대적인 개념이 출발하는 계기는 명상적 삶의 우위성에 의문이 제기되고, 개인의 구원에 대한 근심이 지상의 행복에 대한 배려로 대체되는 르네상스 시대에 마련되었다. 고독한 명상이 아니라 역동적인 인간의 완전 가능성과 능동적 지혜의 탁월한 성취를 기대하는 이 관념을 소급해보면, 아리스토텔레스적 엔텔레케이아entelekheia 개념, 곧 질료가 형상을 얻어서 완성되고 사물의 본성에서 발견되는 목적telos의 실현을 의미하는 개념과도 직접 연관된다. 그러나 이 개념이 본래 목적론적인 제한된 진보의 전망을 표방한 데 비해, 인간의 무한한 완전 가능성이라는 관념은 기독교인의 존재론은 물론 그리스인의 존재론까지도 부정하는 것이다. 콩도르세는《인간 정신의 진보에 관한 역사적 개요》서두에서 이러한 인간의 조건을 다음과 같이 천명한다.

"자연은 우리 인간들의 능력의 완전성에 대한 조건을 설정하지 않는다. 따라서 인간이 완전해질 가능성은 실로 무한하다. 이러한 완전 가능성의 진보는 당장 그 진보를 중단시키고자 하는 어떤 힘으로부터도 독립적이다. 자연이 우리에게 준이 지구가 존속하는 동안에는 어떠한 한계도 없을 것이다. 이 진보는 거대한 우주에서 지구가 현재의 위치를 차지하고 있는 동안에는 결코 역전되지 않을 것이다. 그리고 이 체계의 일반 법칙이 산출되는 동안에는 어떠한 파국적 변화도 현재의 인류가 지닌 능력과 자원을 박탈할 수 없을 것이다."

즉 인류가 무한히 완전해질 가능성은 너무나 오랫동안 확고하기 때문에 그 가능성은 오직 지구상에서 엄청난 물리적 변혁의 발생이 있을 때만 중단될 수 있을 뿐이라는, 실로 확신에 찬 언명이다. 그는 인간의 완성을 위한 연속적 변화의 추진력이 역사의 진보를 성취한다고 보았고, 인간 정신뿐 아니라 인간 유기체의 생물학적 완전 가능성까지 전망한다. 진보는 무한하여 감히 신의 무한성과 경합할 정도이다. 그러나 콩도르세의 상상력은 완전한 인간의 이미지를 제시하는 것으로 그치지 않는다. 그는 인간 정신의 궤적이 가로지르는 무한한 창조적 공간을 상정하고 있다. 그의 체계는 그것의 존재 이유를 확립하려는 시도였다. 이러한 완전 가능성은 꾸준히 접근을 시도하지만 결코 도달하지 못하는 목표를 추구하는 인간의 모습을 표현한다. 아마도 콩도르세는 계몽사상가들이 고취한 상상의 신념을 이제 과학과 이성, 그리고 승리하는 인간 정신으로 작열하는 지상에서의 신념으로 대체했던 것이리라. 또한 더욱 중요한 것, 역동적인 인간의 지혜가 실현된 탁월한 사회의 모습을 표현하고자 했던 것이다.

《방법서설*Discours de la Méthode*》을 통해 인간 정신을 한 선험적 '본성'에 가두어두며 인간의 본성을 가장 높은 수준의 완전성으로 상승시키려 했던 데카르트적 보편 과학의 구상은 여기서 중요해진다. 그러나 근본적으로 가장 높은 수준의 완전성에는 더 이상의 전진을 부여할 여지가 없다. 그러므로 오히려 인간 정신에 선험적인 한계를 두지 않고 복잡한 관념들은 단순한 감각에서 나온다고 규정하는 존 로크야말로 콩도르세의 인식론에서 이론적 토대가 된다. 로크의 《인간오성론》에서 감각론에 근거한 모든 도덕 감정의 자연적 경향은 인간이 즐거움은 추구하고 고통의 원인은 회피하는 자연적이고 중립적인 경향을 지닌다고 설명된다. 인간의 본성은 고정되어 있지 않으며, 인간은 중간적 존재이다. 그리고 인간에게 부과하는 방법론적인 그 간섭은 어떤 도덕적 성향을 만들지도 않는다. 그러나 인간이 감각으로 느끼는 쾌락과 고통의 자연적 메커니즘은 독특하게 이용될 수 있다.

계몽주의 시대에 데카르트보다 로크의 교의가 더 선호된 것은 그의 백지tabula rasa 개념에 인식 가능성에 대한 '선험적' 한계가 없었기 때문이다. 그리하여 이 관념은 벤담과 콩디야크와 엘베시우스 같은 공리주의자와 콩도르세의 관심을 끌었고, 예상치 못한 이론적 확장과 급진성을 띠게 되었다. 계몽사상가들은 사회와 언어, 종교와 국가 등 제도의 발생, 기원, 발전의 법칙에 주목했다. 그들은 인간 현상에 대한 발생적 접근, 곧 시간적이며 역사적인 접근을 선호하게 되었다. 그 결과, 본래 로크에게서 지식을 통한 인간의 개선이란 개인을 대상으로 삼는 문제였으나, 계몽사상가들에게서 교육은 공동체 사회를 위한 정치적 문제로 확대되었고, 교육에 의한 인간의 완전 가능성의 실현이라는 명제로 표현되었다.[30] 그러나 여기서 다른 문제가 제기된다. 이 명제는 역사의 진전 과정에서 인정되며 역사적 도표는 과연 그것을 확정해주는가? 콩도르세가 마지막 저술에서 답변하려던 것이 바로 이것이다.

일반적 통념과는 달리 계몽주의 시대가 역사적 낙관주의로 충만한 것만은 아니었다. 도리어 역사의 상실 또는 소실, 퇴락과 쇠망의 관념 역시 중요한 역사적 주제였다. 몽테스키외나 기번Edward Gibbon에게서 나타나는 제국의 성쇠에 관한 논의나 루소에게서 나타나는 부패와 타락의 관념 역시 결코 간과할 수 없는 논의 주제였다.[31] 콩도르세의 역사 철학은 두 가지 명제에서 루소에게서 자극받았다. 첫째, 학문과 기예의 발전에 의해 도덕적 결과들이 황폐해진다는 것이다. 둘째, 사회정치적 진화는 불평등을 심화시키고 전제주의를 증가시킨다는 것이다. 그러나 콩도르세는 서두에서 루소의 이러한 비관적 관점을 비판하고, 이 명제들을 반박했다.

"우리는, 파란만장한 고난으로 점철된 거친 사회에서 계몽되고 자유로운 인민의 문명 상태로의 통과는 인류의 퇴락이 아니라 단지 절대적 완전을 향한 점진적 행진에 존재하는 필연적 위기일 뿐임을 보여줄 것이다. 이로써 계몽의 증가가 아닌 쇠퇴의 증가가 개화된 인민의 악덕을 낳는다는 것을 보여줄 것이다. 끝으로, 그들이 더 이상 교정되거나 변화할 수 없다면, 그들은 타락한 것이 아니라 유순해진 것이다……우리는 자유와 예술과 계몽이 어떻게 습속의 순화와 개량에 기여하는지 보여줄 것이다."[32]

콩도르세는 인간의 완전 가능성이 역사의 위기를 겪으면서 일반적 진보를 통해 성취된다는 사실을 증명하고자 했다. 그의 시대 의식은 고전 시대를 인간의 유년기로 간주하고 근대의 상대적 우위를 긍정한다. 이 점에서 그의 역사 인식의 위치는 17세기 말부터 시작되었던 유명한 '고대인파와 근대인파'의 논쟁 틀에서 근대인파에 속한다고 볼 수 있다. 그러나 이 논쟁에서도 근대인파가 반드시 진보를 더 확신한 것은 아니다. 예술의 진보에 관한 문제는 늘 확답하기 어려운 난관으로 다가왔고, 콩도르세 역시 이러한 난관을 완전히 벗어났던 것은 아니다. 그러나 이 논쟁에서 과학과 철학의 발전에 의한 합리주의적 진보의 신념이 표출되기에 이르고, 이것은 자연과학의 진보적 역동성을 발견한 퐁트넬에 의해 적극적으로 천명된다. 그리하여 '인간의 완전 가능성의 성취에 의한 역사의 진보'라는 관념이 차츰 부각되기에 이르렀다.

본래 인간 정신의 일반적 진보라는 테제는 1750년 약관의 튀르고가 소르본에서 행한 강연 논문 〈인간 정신의 연속적 진보에 관한 철학적 도표Tableau philosophique des progrès successifs de l'esprit humain〉에서 나타난 것이었다. 제목에서부터 콩도르세에게 미친 영향을 쉽게 감지할 수 있게 하는 이 논문에서, 튀르고는 자연 현상이 항상 동일한 순환 가운데 폐쇄된데 비해 인간의 세대는 섭리 가운데서 항상 새로운 사건을 포함해 계승된다는 관점을 표명했다. 또한 튀르고는 모든 세대는 앞선 시대의 상태와의 인과 관계를 통해 연결되어 있다는 인간 사고 단계론을 제시했다. 그러나 콩도르세는 튀르고의 기본 전제인 섭리의 역할을 부정했다. 대신 인간 정신의 완전성은 온갖 침체와 과오에도 불구하고 부단히 일반적으로 실현되어나갈 것이라고 확신했다. 인간 존재의 완전 가능성에 대한 궁극적 도달은 개인의 복지와 일반적 번영과 지적·도덕적·물리적 능력의 진정한 개선에 의해 고조될 것이며, 현재 문명 세계의 진보를 성취시키는 데 기여한 법칙의 결과로 성취될 것이라고 판단했기 때문이다.

그러나 여기에 의혹이 제기될 수 있다. 정신의 진보가 그만큼 성취되었다면 왜 덕성과 행복을 실현하는 사회의 진보가 수반되지 않는 것인가? 그것은 계몽이 아니라 몽매와 퇴락이 증가한 탓이고, 정신의 진보가 쇠퇴, 악덕, 공포와 공존하기 때문이다. 콩도르세는 사실 인간은 오류의 대상이자 본능에 매몰되기 쉬운 이기적 욕망의 대상임을 통찰했다. 그는 이성의 계발에 따른 난관을 직시했으므로 인간 본성에 대한 환상을 품지 않았다. 현실에서는 최선의 사회 개혁조차 어떤 구성원에게는 도리어 해를 끼칠 수 있으며, 심지어 인간 본성이 선보다는 악에 더 민감하게 반응한다는 것을 알았다. 인간의 악덕과 오류가 없다면 새로운 진리의 성립은 실제로 불가능하다. 오류를 범하는 존재인 개인이 역사의 진보와 인간의 완전성을 추구하면서 사회적 동일성을 획득해나가는 역설적인 과정이 인간 사회의 역사이다. 이것은 콩도르세가 튀르고에서 칸트로 이어지는 비사회적 사회성의 관념의 노선에 서 있음을 알게 한다. 현실에서 계몽의 정신은 자신을 지지해 보이는 것과 반대되어 보이는 것 모두에게 봉사하는 혼란스런 양상을 보이기도 한다. 그 결과 진보의 과정은 완만하고 전복적이며 잘 드러나지 않는다. 그러나 자유 의지에 의한 합리적 진보를 추구하는 계몽의 정신은 인간의 완전 가능성을 부단히 추구하고 때로는 비약적으로 도약한다. 이런 논의는 어떤 면에서 헤겔의 '이성의 간계' 관념 못지않게 복합적인 역사 인식을 보여준다. 이 점에서 '이중적인 이성의 간계'라고 말해도 좋을 것이다.[33] 이러한 관점은 역사의 복합적 진보에 관한 공시적 전망을 제공했다.

(2) 진보의 조건

《인간 정신의 진보에 관한 역사적 개요》는 그 자체가 하나의 완결된 저서라기보다는 급박하게 다가온 운명의 시간에 의해 진정한 집필의 기회를 박탈당한 야심적 저술의 취지서라 해야 할 것이다. 그리고 문체의 간결성과 지적 과감성과 치밀성에서 경탄할 만한 저서이다. 콩도르세는 여기서 역사를 열 개의 시대로 나누었다. 정태적인 부족 사회에서 농업과 알파벳의 발견, 그리스인들의 재능의 개화와 쇠퇴, 중세의 오랜 퇴보, 창조력의 부활과 르네상스, 그리고 인쇄술의 발명——이것은 콩도르세가 볼 때 과학이 교회와 국가의 족쇄로부터 해방된 계기로서 가장 중요한 사건이다——이 여덟 번째 시대에 이른다. 아홉 번째 시대는 데카르트에서 프랑스 대혁명에 이르는 시대로서 콩도르세가 진정한 폭발적 진보의 정점이라고 평가하는 시대이다. 그리고 열 번째 시대는 합리적 예언에 기초한 인류의 무한한 진보와 완전해질 가능성에 대한 낙관적인 예보이다.

이 저술은 물리과학의 진보와 도덕과학의 진보 간에 필연적 관계를 성립시키려는 시도였다. 또한 자연과 사회의 악으로부터 인간의 진보적 자유와 해방을 모색하고 그것이 자연법임을 천명하는 저술이다. 콩도르세에게 진보는 누적적이며 미래에도 지속되는 것이다. 진보의 누적은 인간의 이성과 자유의 증가라는 법칙으로 표현된다. 콩도르세가 말년에 겪은 절망적 상황 가운데서 이런 확신에 찬 저술을 썼다는 데 우리는 의구심을 느낄 정도이다. 그러한 상황이 도리어 그로 하여금 역사 진보의 불가피성을 확신하도록 만들었고 미래에 희망을 걸려는 낙관적 의지를 강화시켰던 것 같다. 그러므로 이 저술에는 역사에 대한 성찰과 아울러, 현실 정치에서 패배한 자가 역사의 미래에서 위안을 찾는 절박한 심정이 내포되어 있다. 그러나 이러한 위안이 주는 위험도 소홀히 취급할 수는 없다. 역사의 미래에 호소하는 것은 현재 사실의 폭정을 묵인하고 역사주의에 빠질 위험이 있기 때문이다.

그렇다면 콩도르세에게 역사의 동력은 무엇인가? 《인간 정신의 진보에 관한 역사적 개요》에서 역사적 인과성은 복합적이며 어떤 유일한 전형을 갖추고 있지 않다. 인간의 한계에 도전하는 프로메테우스적 능력이야말로 역사의 진보를 이끄는 동력이다. 이 점에서 인류의 초기 상태에 대한 서술에서 보듯 역사의 진전에 관한 논리는 오히려 심리적인 측면을 강하게 드러낸다. 그러므로 근대 정치 사상사에서 자연 상태와 인간본성론이 사회 계약에 의한 사회 성립과 국가 제도의 형성 문제에 주목했던 것과는 많은 거리가 있다. 물질적 조건의 발전에 따른 역사 진보의 문제도 체계적으로 다룬 것은 아니었다. 대신 그는 세계에 대한 과학적 지식을 증대시킨 다양한 인물들의 활동을 마치 역사를 움직인 동력인 양 서술한다. 이는 과학적 지식의 산물은 당연히 가치 있는 것이라고 판단하고, 그 산물의 선과 정당성에 관해서는 그다지 책임감을 느끼지 않는 계몽주의 시대의 과학주의를 표현[34]

하는 동시에 엘리트주의적 전망을 드러낸다고 볼 수 있다.

역사의 복합적 연속성에 대한 콩도르세의 인식은 역사의 상승만이 아니라 하강과 퇴보를 자극하는 부정적 경향에도 초점을 두었다. 예로 든 것이 인간 지식의 불균형과 계급 분열에 의한 지배 구조이다. 초기 사회 인간들의 고단한 삶에서 시작해 사유 재산의 성립과 사회의 분화, 유한 계급의 출현, 소수가 독점하는 사상의 자유와 불평등의 출현, 그리고 지식이 지배 계급의 도구가 되고 계급 지배가 관철되는 과정을 묘사한다. 특히 그는 지배 계급이 대중에게 교묘하고 차별적으로 주입시키는 이중 교의와 이중 언어의 역할을 강경하게 비판했다. 그러나 그리스 시대에 이르면 지식과 진실을 추구하는 정신이 성취한 진보는 지배 계급의 지식 독점 현상을 약화시켰다고 설명한다. 이것은 관념의 탄생, 확산, 지배 그리고 타락에 대한 지적이다.

이어서 기독교가 지배한 중세의 쇠퇴에 대해 설명하면서 그는 오류에서 출현하는 선을 묘사하며 일정 수준의 변증법적 역사 인식을 표명한다. 기존 질서에 도전하는 상호 모순적인 힘들이 구질서의 가슴에서 생성되었다는 인식이 바로 그것이다. 예를 들어, 십자군 원정은 아랍인과의 관계를 심화시켜 서구 문명을 질적으로 상승시켰다. 또한 스콜라 철학은 진리의 발견에 이르지는 못했지만 인간 정신을 논리적으로 훈련시켜 더욱더 치밀하고 명민하게 만들었다. 화약과 대포의 사용에 대한 설명은 더욱 흥미롭다. 대포 주조 기술이 발전함에 따라 참전한 병사들은 서로 멀리 떨어져 싸우게 되었고, 이로 인해 전투의 참상과 잔혹성이 완화되었다는 것이다. 또한 전비가 많이 소요되는 군사 원정은 가장 호전적인 국가조차 막대한 전비를 조달하기 위해 역설적으로 상업과 평화를 위한 기술 개발에 전념하도록 만들었다. 화약 역시 중세 기사들이 지녔던 우월성의 기반을 약화시키고 귀족들의 위신을 크게 감소시켰다. 그 결과 인류 문명 파괴의 위험을 내포했던 군사적 발명들이 도리어 인간이 진정한 자유와 평등에 도달하려는 길에 존재하는 장애물을 제거했다. 이러한 내용을 서술하고 있던 콩도르세는 군사-과학-산업 복합체가 지속적인 전쟁으로 자기 유지 기능을 수행하며 현대 사회를 이끌어나가는 현실은 예측하지 못했을 것이다.

콩도르세는 인쇄술의 발명이 역사의 진정한 해방자라고 생각했다. 세계의 변화를 모색하는 진보적 사상은 기득권 세력의 대응력보다 더욱 신속하고 광범위하게 확산되어야 하는데 인쇄술의 발명이야말로 그것을 가능하게 만들었다고 판단한 것이다. 인쇄술의 발명은 관념의 교환을 보편화하고 독서 능력의 확산과 집단 정신의 변화를 초래했다. 게다가 서적 유통의 증대는 자유로운 의사소통의 장을 성립시켰다. 이제 새로운 종류의 호민관이 성립되었다. 거기서 일상의 의사소통의 활기는 떨어지지만 교환되는 의견의 수준은 더욱 심원해졌다. 비밀이 폭로되고 여론이 형성되어 사실이 당위보다 우위에 서는 새로운 권위가 성립되었다. 그것은 이렇게 표현되었다. "어느 것도 숨기거나 없애기 어려운, 모든 인류의 힘으로부터 독립적인 법정을 세우게 되었다."[35] 예외나 특권 없이 공개된 논쟁에서 권력으로부터 자유로운 여론에 의해 이성과 정의의 권위만이 드러나게 된 것이다. 이처럼 정보의 활발한 교류에 의해서 정신적 힘이, 권력이 지탱해온 비밀을 분쇄함으로써 계급 분열은 종식되고, 계급적 대립에서 자유로워진 인간은 오랫동안 억압되어온 본성을 회복하리라 기대된다. 그러나 아쉽게도 콩도르세는 계급 통합이 실현될 수 있는 구체적 상황을 제도적으로 설명하지는 않는다. 도리어 베이컨, 갈릴레오, 데카르트 같은 과학자들이 인간 정신의 각성에 공헌한 바를 반복적으로 기술할 뿐이다. 여덟 번째 시대의 결론부는 이렇다. "인간 정신은 여전히 자유롭지 못하다. 그러나 그것이 존재하도록 형성된 것은 확실하다. 뻔뻔스럽게도 인간 정신에 대한 사슬을 유지하거나 사슬을 채우려고 고집하는 자는 이제 그것을 준수하고 수용할 것을 강요한다. 그 사슬은 우리가 예견하듯 곧 분쇄될 것이다."

이때, 콩도르세가 진보의 자연적 구조 가운데서 가장 핵심적 구조로 삼는 것은 무엇인가? 그것은 바로 사상의 자유이다. 사상의 자유는 지식의 조직화를 새롭게 모색하도록 이끈다. 이것은 연속적인 지식의 발전에 의해 무한 진보의 가능성이 보장된다는 의미이며, 지적 체계의 내외적 발전에 대한 인식을 요구한다. 물론 모든 지식이 획득되는 것은 아니다. 지식의 최고 체계인 자연의 전체성은 결코 알려지지 않을 것이다. 그러나 이는 도리어 인간이 추구하는 진보의 무한성을 긍정하는 것이다. 인간은 지식 전체를 소유하지 못하지만 자연과 우연에 대한 정복을 끊임없이 추구한다. 인간은 자연의 법칙에 예속되었지만, 그 법칙을 수정하는 힘을 보유하고 있다. 인간은 자연 법칙이 인간의 복지에 기여하도록 만든다. 이 힘은 개인적으로는 미약하지만 여러 세대에 걸쳐 수행될 때 정신의 진보와 더불어 성장하고 궁극적으로 자연의 힘에 대한 균형추 역할을 할 수 있을 것이다.

그러나 콩도르세는 역사에 공백은 없지만 진보의 단절, 중단 그리고 때로 전면적인 무화가 있을 수 있음을 인정한다. 진보를 마비시키는 완고한 틀과 견고하게 조직된 기성 지식의 존재를 인정하며, 역사는 진실과 오류가 공존하는 역사임을 인정한다. 오류의 투쟁 그 자체는 인류의 타락이 아니다. 그것은 절대적 완전성을 향해 행진하는 과정에서 발생한 필연적 위기일 뿐이다. 이렇게 보면 악과 오류는 계몽의 이성에 의해 극복되어야 할 대상인 동시에, 지식과 진리의 정당성을 역설적으로 드러내는 대리인의 역할을 한다. 즉, 진리와 오류의 투쟁은 자유의 진보를 성취하는 동력으로 작용한다.

콩도르세가 계몽주의자의 역할을 요청하는 계기가 여기

에 있다. 계몽주의자에게는 항상 전위에서 공동체의 공리성을 추구하고, 개인적으로 공통 이성을 수행하는 역량을 충전시켜 지속적인 사회 진보를 담보해야 할 책임이 있다. 진정한 계몽주의자는 항상 지속적인 진보를 산출하는 자이고, 현재 우리의 활동을 지도하는 미래적인 인물이다. 예를 들어보자. 예술이 발전한 르네상스 이후 인간성을 모독한 종교 전쟁의 시기가 있었다. 그 후 과학 혁명은 다시 인간성에 새로운 활력을 불어넣었다. 그러나 과학의 발전은 유능하고 교육받은 계급과 일반 대중 간의 불평등을 발생시켰다. 이러한 위기의 시기에 계몽주의자의 과업은 무엇인가? 계몽주의자는 인간성에 위협이 되는 불평등을 완화하기 위해 보편 교육의 체계를 확립하고 문화적 평등의 조건을 재창출해야 한다. 나아가 이를 통해 계몽적 세계주의에 입각한 보편적 진보를 성취해야 한다.

그런데 《인간 정신의 진보에 관한 역사적 개요》를 뒤집어서 읽어보면, 이 저술은 한편으론 몽매주의obscurantisme의 성공과 실패에 관한 역사적 도표이기도 하다. 콩도르세의 관념에는 두 종류의 몽매주의, 곧 이념적 몽매주의와 현실적 예속 관계로서의 몽매주의가 존재한다.[36] 그러나 이것이 콩도르세가 계몽과 몽매를 선과 악의 대립처럼 이해했다는 말은 아니다. 도리어 같은 기원에서 나온 양면성으로 이해했다고 보는 것이 타당할 것이다.

그러므로 콩도르세의 진보 관념은 실제로는 퇴보의 관념을 내포하는 것이며, 그 진보는 직선적인 것도 시간성에 고유한 것도 아니다. 여기서 의문이 제기된다. 만일 선험적인 역사 진보의 관념이 없다면 비가역적 진보의 관념은 어떻게 성립되는가? 첫째는 역사의 불연속성과 관련된다. 역사에는 진보의 법칙을 가속화시키는 결정적 계기가 존재하며, 프랑스 대혁명이 바로 그 생생한 사례이다. 두 번째로 미래의 진보는 확률적인 성격을 띤다는 점에서 비롯된다. 확률론은 믿으려는 동기에 기초하고, 우리는 진보의 역전 불가능성에 관한 강한 '믿음의 동기'를 보유한다. 여기서 예견의 기초는 미래 진보의 현실적 내용이 아니고 계몽적 진보주의자의 행동을 선으로 이끄는 확률성이다. 진보를 향한 확률성을 강화시키는 토대는 과학의 발전이다. 과학 발전의 기초는 그리스 시대 이래 파괴되었으나 계몽의 정신에 의해 회복된 학문적 통합성이다. 그러한 학문적 통합성의 기초로 작용하는 학문이 수학이며, 현실에 수학을 적용하는 데 가장 자발적인 학문은 물리학이다. 콩도르세는 확률적 계산과 물리학적 추론의 방법론을 정신의 법칙성을 드러내는 데 이용하고자 했다. 그 결과로 그는 과학의 발전과 정신의 역사를 결합시키는 시도를 감행할 수 있었다.

그러므로 분명히 지적할 점이 있다. 콩도르세가 진보에 대한 낙관적인 전망을 강조하지만, 그것은 결코 엄밀한 결정론적 진보가 아니라는 점이다. 그의 수학적 과학주의에서 진보는 우연을 인정하는 확률적 체계이며, '예측 가능한 예측 불가능성'이라는 완화된 결정론을 택하면서 기하학적 정신을 확신하는 것이었기 때문이다. 본래 근대 과학에서 이성은 현상에서부터 시작해 보편적 인과율을 찾아가는 추론적 사유이다. 이러한 사유는 세계에 기하학적 틀이 존재한다는 신념과 관련되어 있다.

여기에는 또한 결정론과 환원주의, 예측 가능성과 자연적 질서관이 결합되어 있다. 결정론은 뉴턴 역학의 존재론의 핵심 요소이며, 근대 사상은 결정론을 크게 반영해왔다. 그러나 그 틀은 결코 일률적이지 않았다. 예측 불가능성 또한 결정론과 함께 고전 역학의 본질적 요소 가운데 하나이다. 예컨대, 흄의 회의주의는 인식론에서 인과율을 부정하고 예측 불가능성을 강조했다. 그렇다고 흄이 자연의 원천적 질서의 체계를 부정하는가? 그렇지는 않다. 오히려 흄의 의도는 인간의 인식 능력의 한계를 인정하고 그 위에서 귀납적 과학을 발전시키려는 것이었다. 이리하여 회의주의는 도리어 과학적 탐구의 동력이 될 수 있었다. 반면, 라플라스는 비록 확률적 세계에 관심을 가졌던 것은 사실이지만 환원주의적 결정론을 내세워 도리어 시공간을 초월한 극단적 결정론의 틀을 제시한 셈이 되었다.[37]

콩도르세에게는 흄과 라플라스의 영향이 혼재해 있다. 경험적 회의론과 선험적이고 의지적인 결정론의 공존은 콩도르세의 진보 관념을 좀더 유연하게 설명할 여지를 제공해준다.

(3) 보편 언어

콩도르세에게는 인류의 진보만이 궁극적 가치 판단의 기준이었다. 그런데 이를 모색한 《인간 정신의 진보에 관한 역사적 개요》에서 우리는 뜻밖에도 순수 사색의 산물이자, 근대 사상가들의 문제 의식에 철저하게 동참한 주제와 직면하게 된다. 그것은 바로 보편 언어론essai d'une langue universelle이다. 이는 어느 수준에 도달한 근대 과학의 언어를 대중에게 쉽게 침투시킴으로써, 과학의 진보와 도덕의 진보를 결합시키기를 바라는 열망에서 비롯된 기획이었다. 콩도르세에게 사상의 전달 수단인 언어는 사상의 진보의 원인인 동시에 결과이다. 이런 인식 위에서 그는 단음절로 더듬거리는 최초의 말에서부터 명료성과 일반성으로 특징지어지는 완전한 과학적 보편 언어의 형성까지 추적했다. 그리하여 새롭게 형식화된 언어 창조를 통해 기존의 모든 불완전한 언어를 대체하고, 대중에게 기초 교육은 물론이고 전문 지식인들의 연구 성과물까지도 제공하려는 기획을 모색했다.

이 기획의 단초는 새로운 과학이 복잡해지고 지식이 다시 분화됨으로써 정신적 공동체가 위기에 처했다는 판단이었다. 그 판단에 따르면, 정신의 역사에서 주요한 과오 가운데 하나는 사회적 불평등을 심화시킨 것이다. 불평등의 기원을 살펴보자면, 이미 첫 번째 시대 자연적 가족의 형성기에 최초의 권력 남용 구조가 대두하는 것을 볼 수 있다. 그리고 사회적 관계가 복잡해짐에 따라 언어가 정교해지고, 지식과 학문이 대두하고, 계급 분열이 나타나며 가속화되었다. "인간은 두 종류의 계급으로 분리된다. 한 계급은 가르치도록, 다른 한 계급은 그것을 믿도록 만들어졌다. 전자는 자신들이 지식을 자랑한다는 것을 짐짓 거만하게 감추는 척한다. 후자는 전자에게 존경을 바치고 자신들에 대한 노골적 경멸마저 받아들인다. 전자는 이성 위에 서는 것을 원하고, 후자는 다른 인간들이 지닌 탁월한 특권을 인식하고 자신을 비굴하게 포기함으로써 인간 이하로 낮아진다."

지배 계급은 지식과 학문을 특권의 기반으로 삼고 대중의 예속을 강화시킨다. 이들은 공포와 복종의 언어를 창안해 주입한다. 그리하여 남게 되는 대중의 몫은 굴종과 무능, 그리고 정신의 야만화로 전락하는 모습이다. 콩도르세는 과학적 창조 행위의 고갈을 가져오는 것은 지배 계급에 의한 진리의 독점이라고 보았다. 그가 이 현상을 제어할 방도로 본 것은 진보 관념의 민주화였다. 그러므로 지식인 계급이 장악한 과학적 지식의 집중화를 완화시키고, 대중이 과학적 지식의 확산에 널리 참여할 수 있도록 해주는 언어를 창조해야 한다. 그의 사상에서 언어 이론은 분석적 능력을 통해 지성의 힘을 전체 사회에 확산하는 방법으로서 중요성을 띤다. 그는 언어는 방법이며, 방법은 곧 언어라고 말할 정도로 언어 이론을 강조했다. 다음의 말은 그의 목표 의식을 잘 표현해준다.

"훌륭한 철학의 최고의 기초들 가운데 하나가 과학을 위해 정확하고 엄밀한 언어를 형성하는 것이다. 거기서 각각의 기호는 잘 결정되고 한계가 잘 설정된 관념을 표현해 관념들의 명확한 한계를 더욱 잘 설정하게 한다."[38]

그런데 누가 보아도 보편 언어론은 자연과학에는 적용하기 쉽지만 일상에서 끌어낸 불분명한 용어를 주로 사용하는 도덕과 정치의 영역에서는 사용 가능성이 불명료하다는 문제를 안고 있다. 그러나 콩도르세는 후자의 영역에도 전자의 영역처럼 명확하게 결정된 언어를 사용할 것을 요청한다. "정신과학과 정치학의 진보가 미흡한 주요 이유 가운데 하나, 특히 그것들의 진정한 원리들을 확대하고 채택하게 만드는 데 어려움을 겪는 이유 가운데 하나는, 채용하는 언어의 불완전성이다."[39]

따라서 이러한 언어를 완전하게 만들려는 노력이 보편 언어론으로 집약된다. 그것은 《인간 정신의 진보에 관한 역사적 개요》의 첫머리에서 표명되고 인류의 미래에 나타날 진보에 관한 윤곽을 묘사한 열 번째 시대의 한 부분을 형성했다. 여기서 콩도르세는 지식을 발전시키고 단순 명료하게 전달하려는 노력은 결국 단순 명료하고 완전한 상징적 체계를 요청받게 될 것이라고 예견한다. 이런 예견 위에서 그는 의사소통의 도구이자 지식 발견의 도구인 언어, 요컨대 자연 언어의 유연성까지도 보유한 보편 언어를 요청하게 된 것이다. 이 보편 언어의 요청은 단순한 이론적 도구의 요청이 아니라, 교육의 평등과 제도의 개선을 용이하게 하며 대중의 문화적 진보를 지원하려는 실천적 요청이다. 보편 언어의 기본 속성은 교육 기술의 발전과 과학의 완성에 동시에 영향을 미치는 일반적 수단으로 효율성을 지녀야 한다. 그러므로 폐쇄적이고 은둔적인 지식인들의 전유언어가 아니라 속어적이고 관용어적인 성격을 지닐 필요가 있다. 관용어는 대상에 대한 구체적 지식과 관련되고, 언어인 동시에 논리로서 과학적 진실을 합리적으로 표현토록 만들기 때문이다.

그는 언어와 과학적 사고의 관계에 대한 독특한 관념을 공식화했고, 이를 새로운 관념으로 변환시켜 지식의 쇄신을 추구하고자 했다. 콩도르세에게 완전한 과학이란 모든 지식의 내용을 엄격하게 연역적인 결과로 축소시키는 것이 아니라, 자연이든 이와 연관되는 수학적 판단이든 간에 모든 대상에 대한 명백한 원칙을 표현하려는 것이다. 이미 앞서 말했듯이 그는 수학적 추론에서도 사물의 우연적 속성과 엄격한 결정적 속성 가운데 어느 한쪽만 강조하는 것은 피했고, 정확성과 개연성 모두를 인식의 영역으로 수용해 세계에 대한 이해에 적용하고자 했다. 이 과정에서 그는 보편적인 과학적 언어야말로 사회 탐구의 방법론적 도구로 가장 유용하다고 판단한 것이다. 콩도르세에게 언어는 사물들의 진실한 관계를 탐색하는 지적 활동의 산물인 지식을 표명하는 수단이다. 이때 언어는 말해진 언어와 메타 언어, 곧 기호로 구분된다. 그리고 그는 주로 메타 언어에 관심의 초점을 두었다.

그러나 보편 언어론은 콩도르세만의 독창적 발상이 아니다. 언어에 대한 관심은 근대 사상가들이 공유하고 있는 몫이었다. 이미 로크와 라이프니츠, 그리고 콩디야크와 루소가 언어의 기원과 생성에 관한 선구적 고찰을 수행한 바 있다. 먼저 로크에게서, 인간은 감각의 기초 위에서 관념을 형성하는 존재였다. 관념의 정확성은 기호 체계의 정확성을 요청한다. 그러므로 언어의 본성과 기능에 대한 검증 없이는 정신의 본성에 대한 인식이 불가능하다. 그리고 라이프니츠 역시 공통의 의미와 합리성을 보증해주는 보편 언어를 모색했다. 이성적 사고와 지각의 모든 과정을 포괄하며 기존의 왜곡된 언어 규약에 물들지 않은 순수한 용어에 의해 서로의 경험을 비교, 교환할 수 있는 방식을 제공하기 위해서였다.[40] 이렇게 확률성을 강조하는 수학적 정신과 기호적 상징체계 방법론의 요청에서 우리는 콩도르세의 보편 언어론의 단초를 확인할 수 있다. 한편, 콩디야크는 로크의 경험론적 지식체계론을 크게 수용하면서 개인과 인류의 정신의 메커니즘을 분석해내고자 노력했다. 그는 언어의 본질은 그 자체에서 사상의 요소를 분석적으로 구성하거나 재구성하는 본성을 지니므로, 계산의 언어라고 규정할 수 있는 보편 언어를 형성하는 것이 필요하다고 주장했다. 콩도르세는 콩디야크의 이런 견해뿐 아니라, 언어만이 정신의 능력과 관련되는 것은 아니지만 언어는 전체 역사와 관련되고, 전체 사회의 다양한 역사 안에서 쇠퇴와 완전 가능성이라는 두 방향으로 모두 열려 있다고 보는 관점도 수용했다. 그리고 정신의 기능에 일치하는 보편 언어의 성립을 통해서 내용과 형식에서 말의 진보를 가속화할 필요성을 재확인했다. 이렇게 언어가 분석적인 기호의 체계로 규정되면, 과학도 정밀한 세련된 언어에 불과하게 될 것이다. 즉, 보편 언어의 형식은 수사학도 과학도 아니다. 관찰과 실험의 다양하고 체계적인 분석과 서술이 가능한 신실증주의적 언어 분석이 될 것이다.[41]

콩도르세는 이들의 영향을 복합적으로 받으면서 보편 언어의 성립이라는 목적론적 전망을 세웠다. 보편적 정신에 바탕을 둔 보편 과학의 체계와 그 산물을 표현하는 언어를 성립시키고자 한 콩도르세에게 언어는 사회 진보를 이해하는 데 핵심적인 열쇠였다. 인간이 들짐승에서 인간으로 발전하는 데 핵심적인 두 가지 도구적 요소가 바로 언어와 기술이었던 바, 언어의 진보와 문명의 진보는 동시 진행된 것이라고 할 수 있다. 그러나 콩도르세는 언어가 역사의 진보에 순기능만 했다고 보지 않았다. 언어가 자연적이고 습관적인 감정에 매몰되기 쉬운 미숙한 인간 이성의 도구가 될 때는 도리어 오류와 편견의 원천으로 악용된 역사적 사실들을 적잖게 확인한 탓이다.

콩도르세는 언어의 역사적 발전 과정을 다음과 같이 이해했다.《인간 정신의 진보에 관한 역사적 개요》에 나타난 바에 따르면 문자가 발명되는 데는 3개의 시대가 소요되었다. 원시 시대와 야만의 시대에 분절된 언어가 나타나기 시작하고, 집단적 삶은 점차 정치 제도를 성립시키기 시작했다. 즉, 말과 정치적 권위와의 관계가 성립되기 시작한 것이다. 그렇다면 명확한 발음의 언어는 언제부터 나타났을까? 그것은 콩도르세도 명료하게 단정하지 못한다. 미처 인식하지 못한 사이에 언어 규약인 관례어가 생겨나고, 어휘가 점점 더 풍부해진다. 언어는 그 기원에서는 형상화에서부터 출발한다. 형상화는 실물을 축약적으로 묘사하는 준가시적인 기호 형식이다. 이런 형상화의 단계는 인간의 정신과 사회적 능력의 발전이 취약했던 당시 상황과 연결되어 있다. 그러나 언어는 점차 상징적인 의미를 하나씩 포함시키면서 고유한 의미를 보존하게 된다. 그리고 말과 관념 간에 존재하는 이미지가 이해됨으로써 형식도 정교해진다. 자연 언어는 점차 진화하게 되고, 이는 문자 체계가 완전해지는 것과 동시에 진행된다. 처음에 문자는 그림에 불과했으나 발화된 말과 씌어진 말을 일치시키려는 노력의 산물로 알파벳이 발명되었다.

콩도르세는 권력과 언어의 관계, 지식과 언어의 관계에 대해 깊은 관심을 표명했다. 그리고 종교적 권력을 담지한 성직자 계급이 진리를 독점하고 언어를 조작해, 자신들 내부의 언어와 대중의 언어를 따로 발전시킴으로써 이중적 진리를 출현시킨 것을 신랄하게 비판했다.[42] 그가 부단히 보편 언어를 모색한 큰 목적은 언어가 이중 언어, 곧 지식인의 언어와 대중의 언어로 분리되는 현상을 방지하려는 데 있었다. 콩도르세는 이 문제를 결코 단순하게 바라보지 않았다. 오류는 진실만큼 자연적인 것이어서, 이중 언어의 이중 진리에 의해 희생되는 대중 못지않게 지식인 집단인 성직자 역시 그 언어의 거미줄에 걸려 오류의 희생자가 되고 있다는 것이 그의 판단이다. 또한 콩도르세는 언어 체계의 점진적 진화라는 조건에서 종교의 발전과 지식인 엘리트들의 권력이 증가하는 현상을 연계시켜 설명한다.

그는 서구인답게 페니키아인들에 의한 알파벳의 성립과 그것이 그리스로 전달된 역사적 사실을 매우 긍정적으로 평가한다. 그 사건으로 말미암아 그리스인들에게 새로운 정치적 자유의 기회가 주어지고 진리에 이르는 길들이 개방되어 인간 정신의 진보가 증진되었다고 설명할 정도이다. 그러나 콩도르세는 그들이 자연 현상을 단일 법칙으로 축소시키고 언어의 애매모호성을 이용해 말장난에 빠져듦으로써 진정한 사회과학의 창조에는 실패했다고 분석한다.

근대의 인쇄술 발명은 언어 발전의 결정적 계기이다. 이로 인해 통제 불가능한 지식의 교역 시장이 성립되어 인간의 지적인 삶이 어둠에서 구제되기 시작했다. 그 결과, 이성과 자유의 승리가 보장되어 독립된 여론의 법정이 성립되었다. 그러나 모든 문제가 해결된 것은 아니었다. 과학자들이 국제적 언어인 라틴어를 사용하며 자신들의 집단을 폐쇄적인 카스트 집단으로 만드는 측면도 있었기 때문이다. 그러나 인쇄술의 발전과 확산이 과학적 탐구에 유능한 자들의 참여를 증대시킨 것만은 아무리 강조해도 지나치지 않은 사실이다. 과학자들에게도 언어는 지식의 가장 강력한 수단이 되었고, 방법론적으로 즉각 이해할 수 있는, 명료성을 지닌 기호의 창조와 조작을 통해 세계를 파악하는 것이 현안으로 대두했다. 그리하여 과학자들도 보편 언어의 이상을 모색하게 된다.

제8번째 시대의 마지막 부분이 다루는 내용이 바로 이것이다. 과학자들이 모든 국가에서 통용되는 일종의 과학적 언어를 만들기 위해 노력했고, 그것은 새로운 수학적 언어의 산출로 연결되었다. 예를 들어, 로그 함수와 같은 수학적 언어의 발명은 현실의 모든 사물에 대한 계산이 용이하도록 만들었다. 콩도르세는 이러한 노력들이 실현된 역사를 다음과 같이 요약해 제시한다. "과학의 행진은 급속하고 화려하게 빛나게 될 것이다. 대수의 언어는 일반화되고 완전해진다. 혹은 바로 이때에 와서야 진정으로 형성될 것이다. 방정식에 관한 일반 이론의 최초의 기초가 제안되었다. 또한 그것들이 제공하는 해답의 본성이 심화되었다."[43]

계산 과학의 일반적 사용은 완전한 지식 체계를 만들려는 보편 과학의 기획에 기여했다. 그것은 혼합의 메커니즘을 탐색해 결합된 것을 분해하고 인과의 연쇄를 제시한다. 그리하여 일반화되고 정제화된 지식의 체계를 제공하는 것을 목표로 삼는다. 합리적 체계화는 또한 단순화를 요청한다. 복잡한 사실을 분류하고 정확성을 획득하기 위해서는 더욱 단순화되고 명료한 기호를 사용해야 하기 때문이다. 콩도르세는 추론의 가능성을 확장한 데카르트에 이어서 추론의 기술인 과학은 정련된 언어로 집약될 수 있음을 강조했다. 그는 계산의 과학에 근거한 언어가 필요한 이유를 자연과학에서 정치학과 도덕까지 포괄하는 보편 과학의 성립을 위한 방법론의 확장에서 찾는다. "어떤 과학의 전체 체계를 포괄하는 완성된 체계는 전체를 형성하는 진리의 개수를 증가시키기보다는 그것을 이해하는 방법을 확대시키는 것으로 구성된다."[44]

이렇게 보면, 결국 보편 언어의 요구는 보편 과학의 성립을 추구하는 것과 직결된다. 이러한 자세는 사물에 대한 언어와 과학의 언어 사이에 미리 성립된 일종의 조화가 있다고 생각하는 데서 비롯되었다. 사물과 이에 대한 탐구인 과학, 그리고 대중과 지식인 사이의 분열을 막기 위해, 마치 대수학의 기호처럼 누구나 즉각적인 이해가 가능한 과학적 보편 언어의 성립을 요청한 것이다. 그러나 그는 이 언어가 수학적 기호인지 에스페란토와 같은 새롭게 창조된 언어인지는 분명히 밝히지 않았다.

이러한 기호나 상징의 체계를 이용하는 언어의 체계는 세 가지 규칙, 곧 사물들의 존재, 관계, 그리고 활동을 진술해야 한다.[45] 한편, 보편 언어의 체계는 사회수학의 작업과 결합되어 있다. 그의 인식론적 독창성은 경험적 대상에 대한 수학적 언어의 고정성과 인간적 속성의 운동성을 포착하고 이를 포괄하는 계산과 이해 방법을 시도한 데 있다.[46]

콩도르세는 역사에서 예속과 굴종 또는 자유와 평등이 실현되는 것은 언어와 연관되어 있다고 판단했고, 최선의 현실 세계를 실현하기 위한 도구로서 보편적 인공 언어를 요청했다. 그렇다면 콩도르세는 과연 인공 언어의 존재 가능성과 그것의 투명성과 정확성을 전폭적으로 신뢰했던 것인가? 실제로 그런 언어는 존재하지 않는다. 우리는 단지 그런 이상적 언어를 건설하기 위해 노력할 뿐이다. 콩도르세가 자신의 이상적 보편 언어의 방법과 제도의 진보에 유리한 지식의 종합을 위해 노력을 경주한 것은 분명하다. 그러나 자신까지도 설득할 수 있는 분명한 종합의 전망을 체계적으로 제시하지 못한 것은 한계로 지적될 수 있다.

흥미로운 것은 콩도르세의 보편 언어론과 하버마스의 보편 화용론universal pragmatics과의 관계이다. 하버마스가 계몽의 이념을 미완의 기획으로 강조하고 일상적 사회 생활의 합리적 조직화를 제안한 것은 주지의 사실이다. 그의 보편 화용론은 성공적인 발화 행위의 수행에 요구되는 일반적 능력을 검토해 보편 타당하고 왜곡되지 않은 의사소통이 가능한 토대, 즉 이해의 보편적 조건이 가능한 발화의 토대를 재구성하고자 했다. 내가 보기에, 이와 같이 보편적인 일상적 발화에서 상호 주관성이 실현된 합리적 담론이 구현되는 이상적 담화 상황의 이념을 형성하려는 노력은 콩도르세가 추구한 과학적 보편 언어의 요청과 일맥상통하는 바가 있다.[47] 물론 인공성이 강한 콩도르세의 보편 언어가 언어 유희의 개념까지도 포괄하는 하버마스의 담론 개념만큼 유연성을 지니는 것인가에 대해서는 회의적일 수 있다. 하지만 콩도르세 역시 자연 언어까지 포함한 과학적 언어를 논한다는 점에서 하버마스가 추구한 기획의 출발선상에 있어 보인다. 콩도르세가 세계를 단순한 기계적 결정론이 아니라 우연과 확률이 적용되는 장으로 보면서 예측 가능한 우연성을 인정하는 완화된 결정론을 모색했기 때문이다. 이것은 하버마스가 언어 유희적 수행이 작용하면서도 합리적인 상호 이해와 합의가 이루어지는 '생활 세계'를 모색한 것과 상통한다고 생각하게 할 만한 근거다.

콩도르세는 지식과 자유, 계몽과 이성이 결합된 과학의 힘이 성취되는 인간 정신의 무한한 공간을 상정했다. 그리고 진보의 실천가였던 그는 인류의 완전성을 위한 기획의 책임을 진 지식인 사회의 창조를 제안했다. 이러한 제안을 내세우면서 전문 지식인들과 과학자들의 이름을 열거하는 데서 보듯, 그의 진보의 전망이 엘리트주의적 성격이 강한 것이라고 비판받을 여지는 있다. 그러나 한편 여성과 대중의 참여 확산을 긍정하는 측면에서는 선구자적 면모도 인정해야 한다. 이것은 과학의 발전에 근거한 베이컨적 보편 공화국의 청사진인 〈아틀란티스〉에서 잘 나타난다. 그가 〈아틀란티스〉에서 묘사한 과학적 유토피아의 사회는 결코 환상의 사회가 아니다. 미래주의자 콩도르세는 합법성의 근원을 과학에 두고 새로운 합리적 사회의 전망을 모색하고 있는 것이다. 그리고 콩도르세의 제안은 관념의 유희에서 그치지 않는 실천적 행동의 기획이라는 점에서 가치가 더욱 부각된다.

그러나 분명히 짚고 넘어가야 할 것이 있다. 콩도르세는 역사의 진보를 신뢰했지만, 그 진보가 서구 중심의 진보관이었음을 잊어서는 안 된다. 그는 식민지 문제나 서구와 비서구간의 관계에 대해 거론하지 않았다. 비록 그가 신세계의 독립과 식민지의 진보를 예견했지만 그의 정치적 자유주의는 다분히 온정주의paternalisme와 연관되어 있다. 그는 근대 세계를 대서양 세계가 주도해야 한다는 불균등 발전론을 인정하고 있었다. 또한 서구 문명의 우월성을 긍정하고 진보의 진화 방향을 유럽적 가치로의 전환으로 인식했다. 이렇게 서구에 해방자의 위치를 부여한 콩도르세는, 비록 구식의 식민주의는 반대했으나 경제적 효율성과 문명 전달자의 사명에 입각해 자유주의를 정당화하는 과정에서 부지불식간에 신식민주의 이념을 정당화했다. 그러므로 서구적 가치를 중심에 두고 인권과 이성, 자유와 계몽을 당연히 보편적 추상성을 지닌 것으로 인식했다. 결국 그는 비서구 세계의 문화 체계가 지닌 고유한 타자성을 고려하지 않았다. 이 점에서 우리는 콩도르세가 인류의 보편적 역사 진보의 본보기를 서구 세계의 역사적 진화와 동일시했음을 간파해야 할 것이다.

4. 맺는 말

콩도르세가 혁명 정치에 참여한 것은 비록 자유와 평등을 실현하기 위해서는 큰 희생이 따르리라고 예측했지만, 장차 실현될 계몽의 힘이 권력의 음모와 대중의 취약점을 극복하고 공통 이성을 증대시켜 신인간을 형성하리라고 기대했다.[48]

그러나 그가 지향한 혁명은 제도를 통해서 계몽의 이념이 합리적 정치 원리로서 실현되는, 지극히 '이성적인' 혁명이었다. 수많은 비망록과 팸플릿에 두 가지 기획, 즉 《공교육 5론》의 법률 초안적 요약인 '공교육의 일반 조직령에 대한 보고 및 기획'과 '신헌법 기획안'을 제안한 것도 이런 모색의 일환이었다. 콩도르세의 공교육론은 사회예술을 실현하는 전제 조건으로 먼저 지식의 균등 분배를 통해 이성이 대중화되고 계몽된 시민이 창출되어야 한다고 보았다. 그러나 그는 공교육을 정치 및 도덕 교육으로 확대하기를 거부함으로써 국민적 공동체 교육을 추구하던 산악파의 라코니즘 교육론과 충돌했다.

한편, 1793년 2월의 헌법 기획안에서 그가 모색한 것은 헌법을 통한 정치적 자유의 보장이었고, 인민 주권의 직접 행사보다는 권력의 해체와 절차를 통한 청원, 즉 봉기의 제도화였다.[49] 산악파의 장 마라와 로베스피에르는 즉각 이 기획안이 인민 주권을 침해한다고 비판하고 나섰다. 이 사건은, 혁명이 제도를 통해 성과물을 보존해야 하지만 제도는 혁명을 질식킨다는, 혁명과 제도와의 관계에 대한 복합성을 드러낸 계기였다. 로베스피에르는 콩도르세를 정체성이 불확실하고 민중 혁명에 무관심한 법률주의자로서 국왕 기소에 기권한, 한마디로 원리는 호방하지만 행동은 주저하는 인물로 혹평했다. 이렇게 콩도르세의 이성적 혁명 정치에 대한 모색은 불신받고 말았다.

콩도르세의 실패는 혁명적 담론 안에 근원을 두고 있다. 이것은 중농주의자나 스코틀랜드 계몽주의자들에게서 뿌리를 찾을 수 있는, 사회에 대한 합리주의자의 언어와, 루소의 고전 공화정론과 인민주권론 덕분에 다시 활기를 얻은 주의주의자의 언어간의 양립 불가성이 증대되고 있었음을 보여준다. 산악파에게 콩도르세는 루소를 소홀히 대접한 백과전서파의 대표이자 지롱드파였고, 게다가 로베스피에르의 적이었다. 마라 또한 10년 전 왕립과학학술원에 제출한 자신의 광학 이론을 소홀히 취급한 콩도르세를 잊지 않고 있었다.[50] 자연과학에서 일반 상식론적인 종의 퇴락과 원종의 우월성을 강조하는 뷔퐁의 자코뱅 자연철학이 주는 친화감에 비해, 완전 가능성과 진보를 과학적 법칙으로 규정하고 이성적 권력 질서를 지향하는 콩도르세의 수학적 사회과학은 혁명적 민중에게 거리감을 주었다. 로베스피에르의 비판은 바로 개인주의와 합리주의, 엘리트주의와 법률주의를 함축한 수학적 사회과학에 대해 혁명적 민중이 품고 있던 불신을 대변한다. 그것은 또한 어떠한 변수의 보완과 추가로도 벗어날 수 없는, 대의제도와 의회주의의 태생적 한계에 대한 지금까지도 유효한 비판의 출발이었다.

이러한 배경으로 말미암아, 콩도르세는 많은 저술에서 다양한 사상을 전개한 인물임에도 불구하고 제대로 평가받지 못했다. 순수 수학에 바탕을 둔 그의 사상이 너무나 현학적이어서 접근하기 쉽지 않았던 것이 가장 중요한 이유일 것이다. 19세기 에는 수학자 라플라스와 라크루아Silverstre-François Lacroix, 사회학자 콩트 등이 그를 기억할 뿐이었다. 심지어 그의 유일한 제자이며 생애에 관한 전기를 쓴 라크루아조차 1816년의 저술에서 스승의 사상을 소홀히 다루었다. 따라서 콩도르세의 확률론적 세계인식은 학계에서도 오랫동안 잊혀졌고, 역사 진보의 관념만이 그의 이름과 함께 회자되었을 뿐이다. 그러나 최근 그의 사상은 새롭게 주목받고 있다. 이 책은 이런 최근의 연구 동향을 소개하려는 작은 시도이다.[51]

1   E. Badinter·R. Badinter, *Condorcet : un intellectuel en politique*
     (Fayard, 1988), 57~100쪽.

2   Condorcet, *Esquisse d'un tableau historique des progrès de l'esprit hu-
     main : Fragment sur l'Atlantide*, introduction par Alain Pons(GF-
     Flammarion, 1988).

3   알베르 마띠에, 김종철 옮김, 《프랑스 혁명사 상·하》(창작과비평사,
     1982).

4   Reinhart Koselleck, *Critique and Crisis : Enlightenment and the
     Pathogenesis of Modern Society*(Oxford, 1988), 120~122쪽.

5   Condorcet, *Esquisse d'un tableau historique des progrès de l'esprit hu-
     main*, 237쪽.

6   John Locke, *An Essay Concerning Human Understanding*(Encyclo-
     pedia Britanica Inc., 1952), 95~96쪽. 이외에 E. J. Lowe의 *Locke on
     Human Understanding*(Routledge, 1995), 21~27쪽을 참조하라.

7   Condorcet, *Esquisse d'un tableau historique des progrès de l'esprit hu-
     main*, 79쪽.

8   John Locke, *An Essay Concerning Human Understanding*, 131쪽.

9   Condorcet, *Esquisse d'un tableau historique des progrès de l'esprit hu-

main, 271쪽.

10 Condorcet, "Plan for a Declaration of the Natural, Civil and Political Rights of Man", Iain McLean·Fiona Hewitt(tr. & eds.), *Condorcet : Foundations of Social Choice and Political Theory*(Edward Elgar, 1994), 280~283쪽.

11 Hörst Dippel, "Projeter le monde moderne : la pensée sociale de Condorcet", in David Williams(ed.), *Condorcet Studies II*(Peter Lang, 1987), 161쪽. 한편 콩도르세는 자유를 세 가지로 구분한다. 자연적·시민적·정치적 자유가 그것인데, 자연적 자유는 타인의 권리를 손상하지 않으면서 확보하는 모든 권리, 시민적 자유는 법에 대한 복종을 강요하는 것, 정치적 자유는 시민의 대표에 의해 제공되는 법에 의한 복종을 의미한다.

12 Montesquieu, *De l'Esprit des lois*(1748), *Œuvres complètes de Montesquieu*, tome II(Gallimard, 1945~1951), 497쪽.

13 Lucien Jaume, "Condorcet : des progrès de la raison aux progrès de la société", S. Berstein·O. Rudelle(dir.), *Le modèle rèpublicain*(PUF, 1992), 240쪽.

14 Condorcet, "Lettres d'un bourgeois de New Heaven un citoyen de virginie"(1787), in *Sur les éléctions et autres textes*, 216쪽.

15 소피는 콩도르세가 말년에 많은 영향을 받았던 스미스의《도덕감정론*The Theory of Moral Sentiments*》제6판을 프랑스어로 번역했다. 그리고 여기에 공감의 본성에 관한 확대된 연구를 추가했을 정도로 지적인 여성이었다. Babara Brookes, "The Feminism of Condorcet and Sophie de Grouchy", *Studies on Voltaire and the Eighteenth Century*, no. 189(1980), 297~361쪽을 참고하라.

16 Condorcet, *Cinq mémoires sur l'instruction publique*(1791)(GF-Flam-

marion, 1994).

17 Condorcet, *Rapport et projet de décret sur l'organisation générale de l'Instruction Publique*, Présentées l'Assemblée Nationale, au nom du Comité d'Instruction Publique par Condorcet les 20 et 21 Avril 1792, in Joffre Dumazedier etéric Donfu(dir.), *La leçon de Condorcet : Une conception oubliée de l'instruction pour tous nécessaire à une réublique* (L'Harmattan, 1994), 131~204쪽.

18 Francisco Vial, *Condorcet et l'éducation démocratique*(Paris, 1906 : Slatkine reprint, 1970), 14~21쪽.

19 Condorcet, *Esquisse d'un tableau historique des progrès de l'esprit humain*, 279쪽.

20 Jean Dagen, *L'histoire de l'esprit humain dans la pensèe française de Fontenelle à Condorcet*(Klincksieck, 1977), 648쪽.

21 Condorcet, *Rapport et projet de décret sur l'organisation générale de l'Instruction Publique*, 143쪽.

22 Renée Waldinger, "The Problematic Nature of Progress", Leonora Cohen Rosenfield(ed.), *Condorcet Studies I*(N. J. : Humanities Press, 1984), 123쪽.

23 Condorcet, *Rapport et projet décret sur l'organisation générale de l'Instruction Publique*, 134쪽.

24 Catherine Kintzler, *Condorcet, l'instruction publique et la naissance du citoyen*(Folio essai, 1987), 31쪽.

25 Condorcet, *Rapport et projet décret sur l'organisation générale de l'Instruction Publique*, 139쪽.

26 Condorcet, *Rapport et projet décret sur l'organisation générale de l'Instruction Publique*, 132쪽.

27　James Tully, "Progress and Scepticism 1789~1989", *Transactions of the Royal Society of Canada*, fifth series vol. 4(Toronto, 1990), 24쪽.

28　Alexandre Koyré, "Condorcet", *Études d'histoire de la pensée philosophique*(Gallimard, 1971), 103~126쪽.

29　Robert Nisbet, *History of the Idea of Progress*(N.Y.: Basic Books, 1980), 206~212쪽.

30　J. A. Leith, "L'évolution de l'idée de progrès travers l'histoire", *Transactions of the Royal Society of Canada*, 5쪽.

31　Henry Vyverberg, *Human Nature, Cultural Diversity and the French Enlightenment*(Oxford U. P. 1989), 2~17쪽.

32　Condorcet, *Esquisse d'un tableau historique des progrès de l'esprit humain*, 102~103, 136~137쪽.

33　Michèle Grampe-Casnabet, *Condorcet : lecteur des Lumières*(PUF, 1985), 9쪽.

34　Brian S. Baigrie, "Relativism, Truth and Progress", *Transactions of the Royal Society of Canada*, 11쪽.

35　Condorcet, *Esquisse d'un tableau historique des progrès de l'esprit humain*, 188쪽.

36　Michèle Grampe-Casnabet, *Condorcet : lecteur des Lumières*, 70쪽.

37　Johan van der Zande · Richard H. Popkin(eds.), *The Skeptical Tradition around 1800 : Skepticism in Philosophy, Science, and Society*(Boston: Kluwer, 1998)를 참조하라.

38　Condorcet, *Esquisse d'un tableau historique des progrès de l'esprit humain*, 126쪽.

39　Condorcet, Sieyès et Duhamel, *Journal d'instruction sociale*(1793), 2쪽.

40　스티븐 툴민, 이종흡 옮김, 《코스모폴리스 : 근대의 숨은 이야깃거

리들》(경남대학교출판부, 1997), 166~167쪽.

41 G.-G. Granger, *La mathématique sociale du marquis de Condorcet*, 34
    ~35쪽.

42 Condorcet, *Esquisse d'un tableau historique des progrès de l'esprit humain*, 118~119쪽.

43 Condorcet, *Esquisse d'un tableau historique des progrès de l'esprit humain*, 203쪽.

44 Condorcet, *Esquisse d'un tableau historique des progrès de l'esprit humain*, 243쪽.

45 Jean Dagen, "Histoire de l'écriture, écriture de l'histoire : Condorcet
    et la fable de l'esprit humain", *Condorcet Studies II*, 68~74쪽.

46 G.-G. Granger, "Langue universelle et formation de science : un
    fragment in édit de Condorcet", *Revue de l'histoire des science VI*
    (1954), 197~219쪽.

47 Jürgen Habermas, *Communication and the Evolution of Society*(tr. by
    Thomas McCarthy, Boston : Beacon Press, 1976), 1~68쪽. 하버마스가
    콩도르세로부터 이런 관점을 끌어내는 것은 아니다. 그는 다만 막
    스 베버의 합리성 이론의 전사前史가 콩도르세에게서 잘 나타난다
    고 설명할 뿐이다[*The Theory of Communicative Action, vol. 1. Reason and Rationalization of Society*(tr. Thomas McCarthy, Boston : Beacon
    Press, 1984), 145~153쪽].

48 Cosimo Scarcella, *Condorcet : Dottrine politiche e socialli*(Lece : Miella,
    1980), 34~65쪽.

49 Condorcet. "Projet de constitution française"(1793), Ch. Coutel,
    Politique de Condorcet(Payot, 1996), 266쪽, 8조 1~10항을 참조하라.

50 Ch. C. Gilispie, *Science and Polity in France at the End of the Old*

Regime(Princeton U. P., 1980), 306쪽 ; E. Badinter·R. Badinter, *Condorcet : un intellectuel en politique*, 166~168쪽.

51 콩도르세적인 자유주의 계몽의 규칙이 실패할 상황을 두려워한, 스미스적인 도덕감정론에 동의하는 측면을 강조하는 입장으로는 Emma Rothschild, *Economic Sentiments : Adam Smith, Condorcet, and the Enlightement*(Harvard U. P., 2001)가 있고, 콩도르세를 경제적 자유화, 노예 해방, 여성 참정권 확대, 지방의회 개선을 통한 해방의 전망을 제시한 인물로 평가하는 저술로는 David Williams, *Condorcet and Modernity*(Cambridge U. P., 2004)가 있다.

아직까지 국내에서는 콩도르세의 저술이 번역되거나 논저로 소개된 바가 없다. 단지 몇 편의 논문과 단편만이 참고할 만하다.

다무라 사부로, 손영수 · 성영곤 옮김, 《프랑스 혁명과 수학자들》(전파과학사, 1991)
이 문고본은 서양 근대 과학사 중에서도 프랑스 혁명 전후의 수학자들의 생애와 활동을 매우 흥미롭게 서술하고 있어 일반 독자들이 읽어볼 만한 책이다. 특히 지금까지 국내에 나온 책 가운데 콩도르세의 생애에 관해 서술하고 있는 거의 유일한 책이다. 인물 중심으로 서술된 이 책에서 콩도르세는 어떤 수학자들보다 더 실천적인 교육·정치 사상을 지녔던 인물로 부각되어 있다.

서정복, <프랑스 혁명의 교육사적 고찰 : 1792~1795년 고등 교육을 중심으로>, 《프랑스사 연구》, 4집(2001년 2월호)
이 논문은 프랑스 혁명기에 이루어진 교육 개혁을 전반적으로 다루고 있는데, 이 과정에서 콩도르세가 어떤 역할을 하는지 간략하게나마 설명하는 부분이 있어 유용하다. 저자는 이 시대의 교육 개혁이 혁명가들에 의해 혁명적 시민을 양성할 목적으로 이루어졌으며, 그 과정에서 구체제의 교육 제도가 파괴되고 새로운 교육 제도가 설립되었으며, 결국 평등 교육과 국가가 관리하는 무상 공교육 제도가 창안되었다고 설명한다.

성영곤, <왕립 과학 아카데미의 폐쇄와 과격파>, 《한국과학사 학회지》, 11권 1호
이 짤막한 논문은 프랑스 왕립과학학술원이 1793년 국민공회에 의해 해체된 원인을 구명한다. 프랑스 대혁명이 일어나자 종신 사무국장 콩도르세를 비롯한 왕립과학학술원 옹호자들은 국가를 위해 봉사하는 중립적인 공리주의적 과학 단체를 표방하고 왕립과학학술원 개혁안을 제출했으나 반대 여론에 부딪혀 뜻을 이루지 못했다. 이는 구체제기에 강력한 권위를 행사하던 왕립과학학술원이 아마추어 과학자들의 선망의 대상인 동시에 원망의 대상이었기 때문이기도 하며, 무엇보다 전자가 수학적 과학을 선호한 데 비해 혁명에 공감하는 과학자들은 유기체적 자연관에 근원을 둔, 인간과 교감하는 실용적이며 평등한 과학, 곧 과학사에서 '자코뱅 과학'이라고 불리는 것을 추구했기 때문이기도 하다고 저자는 설명한다.

장세룡, <콩도르세의 교육 사상>, 《인문연구》, 39호
이 글은 프랑스 혁명기에 《공교육 5론》이나 '공교육 기획안'이 무엇을 지향했는지 탐구한다. 저자는 기본적으로 콩도르세의 교육 사상이 그의 계몽의 이념에 바탕을 두고 있다고 파악한다. 그러므로 노예 해방과 여성 해방을 주장하는 콩도르세의 계몽주의는 교육 사상을 통해 현실화를 모색했다. 콩도르세의 교육 사상은 당시 산악파가 주장한 인간의 품성을 변화시키는 국민 교육이 아니라, 지식을 습득하게 함으로써 효용성 있는 시민을 만드는 공교육의 원리를 표방하는 것이었다. 콩도르세가 산악파와 충돌한 배경에는 교육 사상의 차이가 놓여 있다는 평가이다.

장세룡, <콩도르세의 수학적 사회과학에서 확률과 의사 결정>, 《전남사학》, 13집

1980년대 후반부터 많이 소개된 콩도르세의 투표 이론 또는 배심원단 이론에 관한 논문들은, 콩도르세가 집단적 의사 결정의 문제에 채용한 확률적 방법론의 한계를 지적하고, 다원적인 유권자의 자유로운 의사소통과 정보 공유 등의 변수를 추가해 이론의 완성도를 높이고자 했다. 이것은 이른바 자유민주주의가 제도적 정당성의 토대로 삼는 의회주의와, 그것의 존립 근거로 삼는 다수결에 입각한 의사 결정에 논리적 정당성을 부여하려는 지극히 현재적인 관심과 맞물려 있다. 그 가운데 일련의 논문들은 다수결을 전체의 공통 의지로 규정한 콩도르세의 입장이 루소의 일반의지론과 동일한 목표를 지향했다고 분석했다. 이 명제를 수용하면 로베스피에르가 콩도르세를 루소의 배신자로 규정한 이유가 모호해진다. 이 논문은 콩도르세의 《다수결 투표의 확률에 해석학 응용론》(1785) 등 주요 저술을 분석해, 이와 같은 명제의 정당성을 검토하고 부수적으로 그의 정파를 확인하고자 시도한다. 이를 위해 먼저 확률론에 근거한 정치경제학적 기획인 '사회수학'의 성격을 밝히고, 이어서 정치행정적 실천인 '사회예술'의 핵심적 집약판으로 다수결의 원칙이 루소의 일반 의지론과 어떤 관계에 놓일 수 있는지 설명한다.

장세룡, <콩도르세의 역사진보의 관념>, 《대구사학》, 49집

콩도르세의 마지막 저술 《인간 정신의 진보에 관한 역사적 개요》가 출간된 지 2백 년이 되던 해에 씌어진 논문이다. 이 논문은 진보의 관념이 설득력을 상실한 포스트모던 시대에 도리어 진보의 관념이 무엇을 의미했던가를 묻고 있다. 그리하여 먼저 그의 저술이 진보 관념의 역사에서 차지하는 위치를 묻고, 이어서 그의 보편 언어론이 역사 진보의 관념과 어떤 관계가 있는지 탐색한다. 끝으로 확률론에 근거한 콩도르세의 역사 인식이 최근의 역사 인식의 동향과 어떤 관계가 있는지 묻는다. 이런 과정을 통해 저자는 진보 관념의 의미의 폭을 더욱 확대하려고 한다.

정동준, <콩도르세의 사회관 및 교육관 일고>, 《서양사학 연구》, 3집
이 논문의 장점은 콩도르세의 생애를 잘 요약해놓은 것이다. 그의 역사 진보의 관념과 교육 사상도 함께 설명하고 있는 매우 성실한 글이다. 저자는 콩도르세의 정치적 신념은 평등의 실현이었고 그것이 교육에도 실현되어야 한다고 규정한다. 그리고 그 목적은 정치적으로 평등한 권리가 실현되는 사회를 성취하려는 데 있다고 본다. 그리고 그가 바란 교육은 인류 사회의 완성을 위한 필수 조건이었다고 설명한다.

E. Badinter · R. Badinter, *Condorcet : un intellectuel en politique*(Fayard, 1988)
이것은 콩도르세에 관한 전기로, 고전적 전기인 알랭그리Frank Alengry의 *Condorcet : guide de la Révolution française ; théoricien du droit constitutionel et précurseur de science social*(Paris, 1904 : Slatkine reprint, 1971)와 카앙Léon Cahen의 *Condorcet et la Révolution française*(Paris, 1904 : Slatkine reprint, 1971)를 계승한다. 수학자보다는 계몽주의자이자 혁명 정치가로 콩도르세의 생애를 묘사하는데, 앞의 고전적 저술들보다는 좀더 읽기 쉽고 다양한 주제들을 언급하고 있다. 콩도르세에게 공감하는 측면이 강하다 보니 그를 지롱드파로 규정하는 데는 유보적인 태도를 보인다.

Iain McLean·Hewitt Fiona(tr. & eds.), *Condorcet : Founda-tions of Social Choice and Political Theory*(Edward Elgar, 1994)
콩도르세의 사상에 접근할 수 있도록 세심하게 배려한 책이다. 전반부에는 콩도르세의 사상에 대한 해설을 실었고, 후반부에는 일반적으로 접근하기 어려운 콩도르세의 저작들을 발췌해서 영역했다. 여기에는 노예제, 여성, 인권에 관한 콩도르세의 견해를 살펴볼 수 있는 평론들도 실려 있어 매우 유용하다. 앞으로 이 책의 저자들이 콩도르세의 난해한 사상들을 영어로 번역해 소개하는 데 크게 기여하리라고 기대된다.

Keith M. Baker, *Condorcet : From Natural Philosophy to Social Mathematics* (Chicago U. P., 1975)

콩도르세에 관한 저술로 이 역작을 넘어서는 것은 아직 나타나지 않았다. 저자인 키스 베이커는 이 책을 통해 명성을 얻고, 구체제와 프랑스 대혁명의 역사에 관한 새로운 해석을 시도하는 역사가로서 위치를 확보하게 되었다. 그러나 이 책은 일반 독자에게는 좀 현학적으로 느껴질 것이다. 유럽 근대 사상의 전체적 맥락 안에서 콩도르세의 사상에 접근하고 있는 데다 수학과 과학사에 관한 기본 지식을 어느 정도 요구하고 있기 때문이다.

Pierre Crépel·Christian Gilain(dir.), *Condorcet : mathématicien, économiste, philosophe, homme politique* (Minerve, 1989)

이 책은 1988년 6월 개최된 콩도르세에 관한 콜로키움에서 발표된 46편의 논문을 싣고 있다. 제목에 나타나 있는 그대로 수학자, 경제학자, 철학자, 정치가로서 콩도르세의 활동과 사상을 분류하고, 이에 관한 논문과 이 논문들을 평가하는 소개 논문을 각 장의 앞머리에 실었다. 콩도르세 사상의 복합적인 측면을 이해하는 데 매우 훌륭한 안내자가 되어주는 저작이다. 또한 콩도르세가 앞으로도 꾸준히 다양한 방면으로 연구되리라고 예상하게 만드는 저술이다.

R. Rashed, *Condorcet, mathématique et société* (Hermann, 1974)

수학자 콩도르세는 사회수학과 사회예술이라는 이름으로 자신의 수학,

특히 확률론에 근거해 대의제도를 정당화하는 원리를 전개했다. 이 책의 전반부에는 확률론적 방법론이 설명돼 있고, 후반부에는 관련 저술의 주요한 부분들이 발췌되어 있다. 일반 독자들에게는 확률론의 전개가 쉽지 않게 느껴지겠지만 콩도르세가 전개한 독특한 사상을 이해하는 데 소중한 저술이다.

옮긴이에 대하여 ──────────────

장세룡jdragon@pusan.ac.kr

지금은 산업도시가 된 경북의 시골 집성촌에서 중학교를 마치고 대구상업 고등학교에 진학했지만, 온갖 책들을 읽느라 도서관에서 일상을 보냈다. 그때 읽은 책 가운데 조지 오웰의 《1984년》이 가장 기억에 남는다. 대학에서는 역사학을 선택했다. 역사가의 의무는 역사를 해석하는 것이 아니라 변혁하는 것이란 말에 매혹되었기 때문이다.

제대 후 인혁당 사건으로 초토화된 대구의 1970년대 후반 영남대학교에서 학생운동을 한다고 동분서주하다가 유신이 죽으면서 경북대학교 대학원에 진학했다. 그러나 5월 광주는 끈질기게 지속될 짐을 부과했다. 문화운동, 학원민주화, 사회운동의 현장은 이론과 실천의 관계를 수없이 되묻게 만들었다. 영남대학교에서 〈몽테스키외의 정치사상〉으로 박사학위를 받았다. 프랑스 근현대사상사와 역사이론에 관심을 가지고 시민 사회에서 욕망과 도덕의 계보(맨더빌), 고대인의 자유와 근대인의 자유(콩스탕), 일반의지론과 투표의 관계(루소), 수학적 사회과학(콩도르세), 프랑스 역사가 세르토 Michel de Certeau, 사회학자 르페브르Henri Lefebvre를 소개하는 논문을 썼다. 현재는 부산대학교 한국민족문화연구소 HK교수로 재직하며 로컬리티의 인문학Locality and Humanities을 탐색하는 데 여념이 없다.

인간 정신의 진보에 관한 역사적 개요

초판 1쇄 펴낸날 | 2002년 1월 1일
초판 4쇄 펴낸날 | 2014년 10월 30일
개정 1판 1쇄 펴낸날 | 2019년 12월 10일

지은이 | 마르퀴 드 콩도르세
옮긴이 | 장세룡
펴낸이 | 김현태
펴낸곳 | 책세상

서울시 마포구 잔다리로 62-1, 3층 (우편번호 04031)
전화 | 02-704-1251(영업부) 02-3273-1333(편집부)
팩스 | 02-719-1258
이메일 | bkworld11@gmail.com
광고제휴 문의 | bkworldpub@naver.com

홈페이지 | chaeksesang.com   페이스북 | /chaeksesang
트위터 | @chaeksesang   인스타그램 | @chaeksesang   네이버포스트 | bkworldpub

등록 1975. 5. 21 제1-517호

ISBN 979-11-5931-436-0 04300
      979-11-5931-221-2 (세트)

* 이 도서의 국립중앙도서관 출판시도서목록(CIP)은 서지정보유통지원시스템 홈페이지
(http://seoji.nl.go.kr)와 국가자료공동목록시스템(http://www.nl.go.kr/kolisnet)에서
이용하실 수 있습니다.(CIP제어번호 : CIP2019046950)

책세상문고·고전의 세계

- **민족이란 무엇인가** 에르네스트 르낭 | 신행선
- **학자의 사명에 관한 몇 차례의 강의** 요한 G. 피히테 | 서정혁
- **인간 정신의 진보에 관한 역사적 개요** 마르퀴 드 콩도르세 | 장세룡
- **순수이성 비판 서문** 이마누엘 칸트 | 김석수
- **사회 개혁이냐 혁명이냐** 로자 룩셈부르크 | 김경미·송병헌
- **조국이 위험에 처하다 외** 앙리 브리사크·장 알만 외 | 서이자
- **혁명 시대의 역사 서문 외** 야콥 부르크하르트 | 최성철
- **논리학 서론·철학백과 서론** G. W. F. 헤겔 | 김소영
- **피렌체 찬가** 레오나르도 브루니 | 임병철
- **인문학의 구조 내에서 상징형식 개념 외** 에른스트 카시러 | 오향미
- **인류의 역사철학에 대한 이념** J. G. 헤르더 | 강성호
- **조형예술과 자연의 관계** F. W. J. 셸링 | 심철민
- **사회주의란 무엇인가 외** 에두아르트 베른슈타인 | 송병헌
- **행정의 공개성과 정치 지도자 선출 외** 막스 베버 | 이남석
- **전 세계적 자본주의인가 지역적 계획경제인가 외** 칼 폴라니 | 홍기빈
- **순자** 순황 | 장현근
- **언어 기원에 관한 시론** 장 자크 루소 | 주경복·고봉만
- **신학-정치론** 베네딕투스 데 스피노자 | 김호경
- **성무애락론** 혜강 | 한흥섭
- **맹자** 맹가 | 안외순
- **공산당선언** 카를 마르크스·프리드리히 엥겔스 | 이진우
- **도덕 형이상학을 위한 기초 놓기** 이마누엘 칸트 | 이원봉
- **정몽** 장재 | 장윤수
- **체험·표현·이해** 빌헬름 딜타이 | 이한우
- **경험으로서의 예술** 존 듀이 | 이재언
- **인설** 주희 | 임헌규
- **인간 불평등 기원론** 장 자크 루소 | 주경복·고봉만
- **기적에 관하여** 데이비드 흄 | 이태하
- **논어** 공자의 문도들 엮음 | 조광수
- **행성궤도론** G. W. F. 헤겔 | 박병기
- **성세위언—난세를 향한 고언** 정관잉 | 이화승
- **에밀** 장 자크 루소 | 박호성
- **제3신분이란 무엇인가** E. J. 시에예스 | 박인수

책세상문고·고전의 세계

- **대중 문학론** 안토니오 그람시 | 박상진
- **문화과학과 자연과학** 하인리히 리케르트 | 이상엽
- **황제내경** 황제 | 이창일
- **과진론·치안책** 가의 | 허부문
- **도덕의 기초에 관하여** 아르투어 쇼펜하우어 | 김미영
- **남부 문제에 대한 몇 가지 주제들 외** 안토니오 그람시 | 김종법
- **나의 개인주의 외** 나쓰메 소세키 | 김정훈
- **교수취임 연설문** G. W. F. 헤겔 | 서정혁
- **음악적 아름다움에 대하여** 에두아르트 한슬리크 | 이미경
- **자유론** 존 스튜어트 밀 | 서병훈
- **문사통의** 장학성 | 임형석
- **국가론** 장 보댕 | 임승휘
- **간접적인 언어와 침묵의 목소리** 모리스 메를로 퐁티 | 김화자
- **나는 고발한다** 에밀 졸라 | 유기환
- **아름다움과 숭고함의 감정에 관한 고찰** 이마누엘 칸트 | 이재준
- **결정적 논고** 아베로에스 | 이재경
- **동호문답** 이이 | 안외순
- **판단력 비판** 이마누엘 칸트 | 김상현
- **노자** 노자 | 임헌규
- **다수 문명에 대한 사유 외** 로버트 콕스 | 홍기빈
- **여성의 종속** 존 스튜어트 밀 | 서병훈
- **법학을 위한 투쟁** 헤르만 칸토로비츠 | 윤철홍
- **개인숭배와 그 결과들에 대하여** 니키타 세르게예비치 흐루시초프 | 박상철
- **법의 정신** 샤를 루이 드 스콩다 몽테스키외 | 고봉만
- **에티카** 베네딕투스 데 스피노자 | 조현진
- **실험소설 외** 에밀 졸라 | 유기환
- **권리를 위한 투쟁** 루돌프 폰 예링 | 윤철홍
- **사랑이 넘치는 신세계 외** 샤를 푸리에 | 변기찬
- **공리주의** 존 스튜어트 밀 | 서병훈
- **예기·악기** 작자 미상 | 한흥섭
- **파놉티콘** 제러미 벤담 | 신건수
- **가족, 사적 소유, 국가의 기원** 프리드리히 엥겔스 | 김경미
- **모나드론 외** G. W. 라이프니츠 | 배선복